Spiel dich schlau mit kahoot!

Lust auf eine Quiz-Runde? Hinten im Buch findest du drei QR-Codes, die dich direkt zu drei verschiedenen Quizzen führen. Du kannst sie allein oder als Challenge mit deinen Freunden spielen.
Mit dem Handy oder Tablet Code scannen, Nickname eingeben und losspielen.

- **Im Training** Wenn du das Buch gelesen hast, sollte dir das erste Quiz nicht schwer fallen.
- **Profi-Runde** Du meinst, du kennst dich schon richtig gut aus im Thema? Dann probier doch das zweite Quiz!
- **Pics Challenge** Du willst dein Wissen in Bildern testen? Dann ist das dritte Quiz das richtige für dich.

Dabei gibt es verschiedene Fragetypen: Von Wahr-Falsch-, Schätz-, Eingabe- und Multiple-Choice-Fragen ist alles dabei.

Wovon gibt es in Rom mehr als in jeder anderen Stadt der Welt?

Treppenstufen	Statuen
Mülleimer	Kirchen

Für jede richtige Antwort gibt es Punkte.
Wer am Ende die meisten gesammelt hat, gewinnt.

MEMO WISSEN

ALTES ROM

Silberlöffel

Tongefäß in Form eines Schweins

Bronzene Büste einer Göttin

Spielstein mit der Inschrift *victor* (lateinisch für „Sieger“)

Silberner Spinnrocken

Schöpfkelle aus Silber

Kleine Statue der Göttin Venus, die gerade ihre Sandale auszieht

Bronzene Öllampe in Form eines Hundekopfes mit einem kleinen Hasen im Maul

Ostgotische Fibeln (Gewand-nadeln)

Goldohrringe in Delfinform

MEMO WISSEN

ALTES ROM

von **Dr. Simon James**

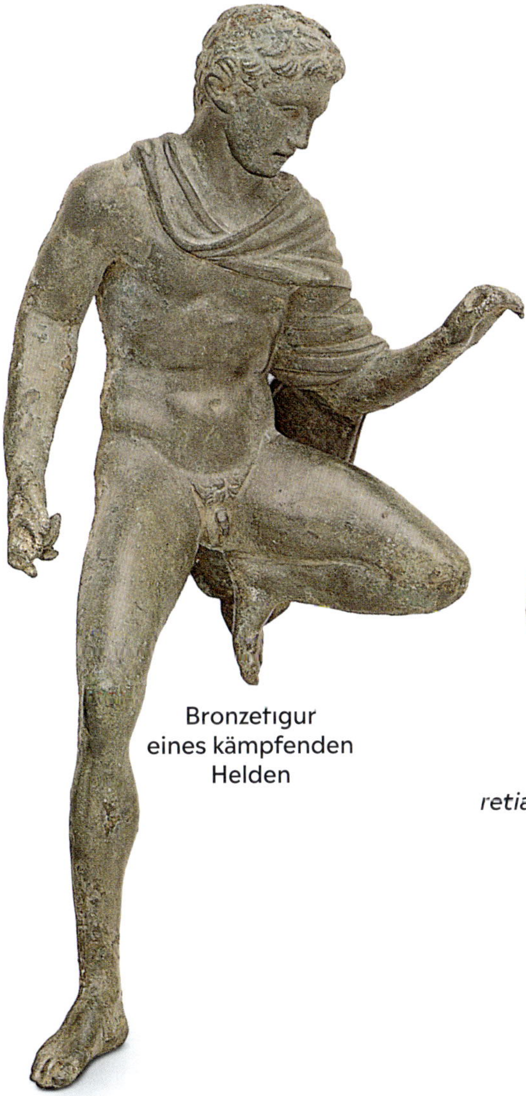
Bronzefigur eines kämpfenden Helden

Goldglas mit dem Bild eines *retiarius* (lateinisch für „Netzkämpfer")

Bronzebüste der Göttin Minerva

DK

Körper-
pflegeset für
den Besuch
in der Therme

Silberschmuck mit dem
Kopf des Göttervaters Zeus

Lektorat Susan McKeever, Sophie Mitchell,
Priyanka Kharbanda, Kingshuk Ghoshal, Carron Brown,
Francesca Baines, Andrew Macintyre,
Liz Wheeler, Jonathan Metcalf
Gestaltung und Bildredaktion Julia Harris,
Vikas Chauhan, Deepshikha Walia, Aparajita Sen,
Vishal Ghavri, Govind Mittal, Pawan Kumar, Rakesh Kumar,
Ashok Kumar, Chrissy Barnard, Philip Letsu, Karen Self
Extra Fotos Christi Graham und Nick Nicholls
(The British Museum), Karl Shone
Umschlaggestaltung Surabhi Wadhwa-Gandhi,
Juhi Sheth, Sophia MTT
Herstellung Kavita Varma, Jude Crozier

Fachliche Beratung Dr. Simon James

Für die deutsche Ausgabe:
Redaktionsleitung Martina Glöde
Herstellungskoordination Bianca Isack
Herstellung Stefanie Staat

Titel der englischen Originalausgabe:
Eyewitness Ancient Rome

Übersetzung Nele Mohn
Producing booklab GmbH, München

ISBN 978-3-8310-4936-3
5902-328177-23641-02

Druck und Bindung Golden Prosperity
Printing & Packaging (Heyuan) Co., Ltd.

MIX
Papier | Fördert
gute Waldnutzung
FSC® C018179

www.dk-verlag.de

www.kahoot.com

Gedenkstein für einen
römischen Reiter

Bronzefigur
eines *lar*
(Hausgott)

Bronzeplakette: Ein Eber
wird zur Opferung geführt.

Wandgemälde eines
römischen Gastmahls

Inhalt

Ölgefäß aus Keramik in Hasenform

Der Aufstieg **Roms**

Der Legende nach wurde Rom im Jahr 753 v. Chr. von den Zwillingsbrüdern Romulus und Remus, den Söhnen des Kriegsgottes Mars, gegründet. In den folgenden tausend Jahren entwickelte es sich zur Hauptstadt eines der mächtigsten Reiche der Geschichte. Rom war zunächst ein kleiner Stadtstaat, den Könige regierten. Im Jahr 509 v. Chr. entstand nach der Vertreibung des letzten Königs die Römische Republik. Die Kultur im alten Rom war von den benachbarten Etruskern und von den Griechen stark beeinflusst.

Die Etrusker

Das Volk der Etrusker lebte in Stadtstaaten nördlich von Rom. Sie waren erfolgreiche Händler, Architekten und Ingenieure und ihre Lebensart war von Griechenland geprägt.

Estruskische Kunst
Diese etruskische Bronzefigur zeigt einen dreispännigen Streitwagen, der über einen am Boden liegenden Mann fährt. Vermutlich haben die Römer die Idee der Wagenrennen von den Etruskern übernommen (S. 34).

Griechische Kunst
Die Römer bewunderten die lebensechte Darstellung der griechischen Figuren und ahmten sie nach.

Die Griechen

In Süditalien hatten die Griechen Kolonien gegründet und wohlhabende Städte mit schönen Tempeln und Häusern errichtet. Als die Römer schließlich diese Kolonien beherrschten, eigneten sie sich viele Ideen aus der griechischen Kunst und Kultur an.

Aphrodite
Die Römer gestalteten ihre Göttin Venus nach dem Vorbild der griechischen Liebesgöttin Aphrodite.

Flussgott
Die Griechen waren geschickte Keramiker, wie diese Tonkachel in Form eines Gesichts zeigt.

Hannibals Elefanten
Im Jahr 218 v. Chr. zog der karthagische General Hannibal mit seiner Armee und 37 Elefanten von Spanien aus über die Alpen nach Italien, um die Römer anzugreifen. Er gewann zahlreiche Schlachten, konnte aber Rom nicht einnehmen. Hannibal kämpfte in Italien weiter, während die Römer seine Stützpunkte in Spanien und Nordafrika angriffen. Schließlich zog er sich zurück. Die Römer eroberten darauf Karthago – aber zu einem hohen Preis.

Ein riesiges Reich

Nach den Kriegen mit Karthago besiegte Rom noch andere mächtige Staaten im Osten und vergrößerte die Macht Roms. Die Generäle, die die Gebiete erobert hatten, begannen um Einfluss zu konkurrieren, was zu Bürgerkriegen führte.

Immer mehr Länder gehören zu Rom
Das Römische Reich war in Provinzen unterteilt. Um 50 n. Chr. fielen zahlreiche Gebiete des Mittelmeerraums unter römische Herrschaft. Rom erreichte im 2. Jahrhundert n. Chr. seine größte Ausdehnung.

Die Göttin des Sieges hält einen Lorbeerkranz.

Zeichen für einen Sieg
Die Römer stellten den Sieg im Kampf in der Gestalt einer Göttin dar, wie diese kleine Bronzefigur zeigt.

Kriegsschiff
Die Römer lernten von den Karthagern, wie man eine Seeschlacht führt. Diese Tontafel zeigt eine von Ruderern angetriebene Kriegsgaleere mit einer Ramme am Bug. Die Ramme diente dazu, andere Schiffe zu versenken.

RÜCKBLICK

Der Aufstieg zur Macht
Der römische Feldherr Gaius Julius Caesar (100–44 v. Chr.) führte die Eroberung Galliens (Frankreichs) an. In seinem Bericht über den Gallischen Krieg (ca. 50 v. Chr.) rühmt er sich: „Ich kam, sah und siegte.“ Caesar setzte sich gegen seine Rivalen durch und begann, Rom wie ein König zu regieren, was schließlich zu seiner Ermordung führte.

Roms Herrscher

In Rom herrschten nicht immer Kaiser. Fast 500 Jahre lang war Rom eine Republik, die von einem Senat regiert wurde, der aus den Familien mächtiger Grundbesitzer bestand. Vor und auch nach der Ermordung von Julius Caesar im Jahr 44 v. Chr. versank die Republik im Chaos und in Bürgerkriegen. Der endgültige Sieger war Caesars Adoptivsohn Octavian (später Augustus genannt). Er stellte im Jahr 27 v. Chr. die Republik wieder her. In Wirklichkeit war er aber der Alleinherrscher – und der erste Kaiser Roms. Als er 14 n. Chr. starb, setzte sein Adoptivsohn Tiberius die Herrschaft der Kaiser fort.

Kaiser Caligula galt als wahnsinnig und wurde 41 n. Chr. ermordet.

Kaiser Claudius eroberte Britannien und regierte 41–54 n. Chr.

Nero war der letzte Kaiser aus der Familie des Augustus. Er regierte 54–68 n. Chr.

Kaiserköpfe

Münzen waren ein gutes Mittel, um das Bildnis des Kaisers und seine Taten darzustellen. Dies sind die Münzen der Nachfolger von Kaiser Tiberius.

Der violette Farbstoff wurde aus der Purpurschnecke gewonnen.

Die Farbe der Macht

Purpur war der teuerste und kostbarste Farbstoff. Er wurde für die Kleidung des Kaisers verwendet. Die Senatoren in Rom trugen Togen mit einem Purpurstreifen.

Triumph des Kaisers

Errang ein Kaiser einen großen Sieg, wurde für ihn ein Triumphzug vorbereitet. Der Sieger führte seine Soldaten und Gefangenen durch Rom, während das Volk jubelte, wie auf diesem modernen Gemälde zu sehen ist.

Lorbeerkranz statt Krone

Römische Kaiser trugen keine Krone, denn sie wollten nicht als Könige angesehen werden. Stattdessen bekränzten sie sich nach einer Eroberung mit einem Lorbeerzweig als Zeichen ihres Erfolgs und ihrer Macht.

Julia und Livia

Hier wird Livia, die Ehefrau von Kaiser Augustus, als Göttin Juno dargestellt und seine Tochter Julia als Göttin Roma. Livia war mit Augustus 53 Jahre verheiratet und hatte großen Einfluss auf den Kaiser.

Der mit Edelsteinen besetzte Kranz wurde später ergänzt.

Für einen Gott

Der geschnitzte Edelstein (oben) stellt Kaiser Augustus dar, der nach seinem Tod zu einem Gott erklärt wurde.

Drusilla

Der aus einem Edelstein gearbeitete kleine Kopf zeigt eine Frau aus der Familie des Augustus. Wahrscheinlich handelt es sich um Drusilla.

Thronerbe

Oft adoptierten Kaiser vielversprechende junge Männer, die nach ihrem Tod ihre Nachfolger werden sollten. Kaiser Antoninus Pius adoptierte Lucius Verus, der in dieser Bronzebüste dargestellt ist.

Ein Geschenk des Kaisers

Auf dieser kostbaren Schwerthülle, die im Rhein gefunden wurde, ist Kaiser Tiberius abgebildet.

An der Klinge blieben Holzfasern der Schwerthülle haften.

Tiberius empfängt seinen Neffen, den Feldherrn Germanicus.

Bildnis des Kaisers Tiberius

Standarte mit Legionsadler im Fahnenheiligtum

Die **Legionen**

Die römische Armee war sehr mächtig. Sie bestand aus gut ausgebildeten Fußsoldaten, den Legionären, die nicht nur kämpfen, sondern auch alles herstellen oder bauen konnten. Jede Legion hatte etwa 5000 Soldaten, die in kleinen Einheiten, den Zenturien, organisiert waren. Im 2. Jahrhundert n. Chr. gab es rund 150 000 Legionäre. Auf diesen Seiten sind Nachbildungen ihrer Ausrüstung zu sehen.

Kopfschutz

Dieser Helm sollte den Kopf, das Gesicht und den Hals schützen, ohne die Sicht oder das Gehör zu beeinträchtigen. Zenturionen und andere Offiziere trugen Helme mit Kamm, damit ihre Männer sie im Kampf erkennen konnten.

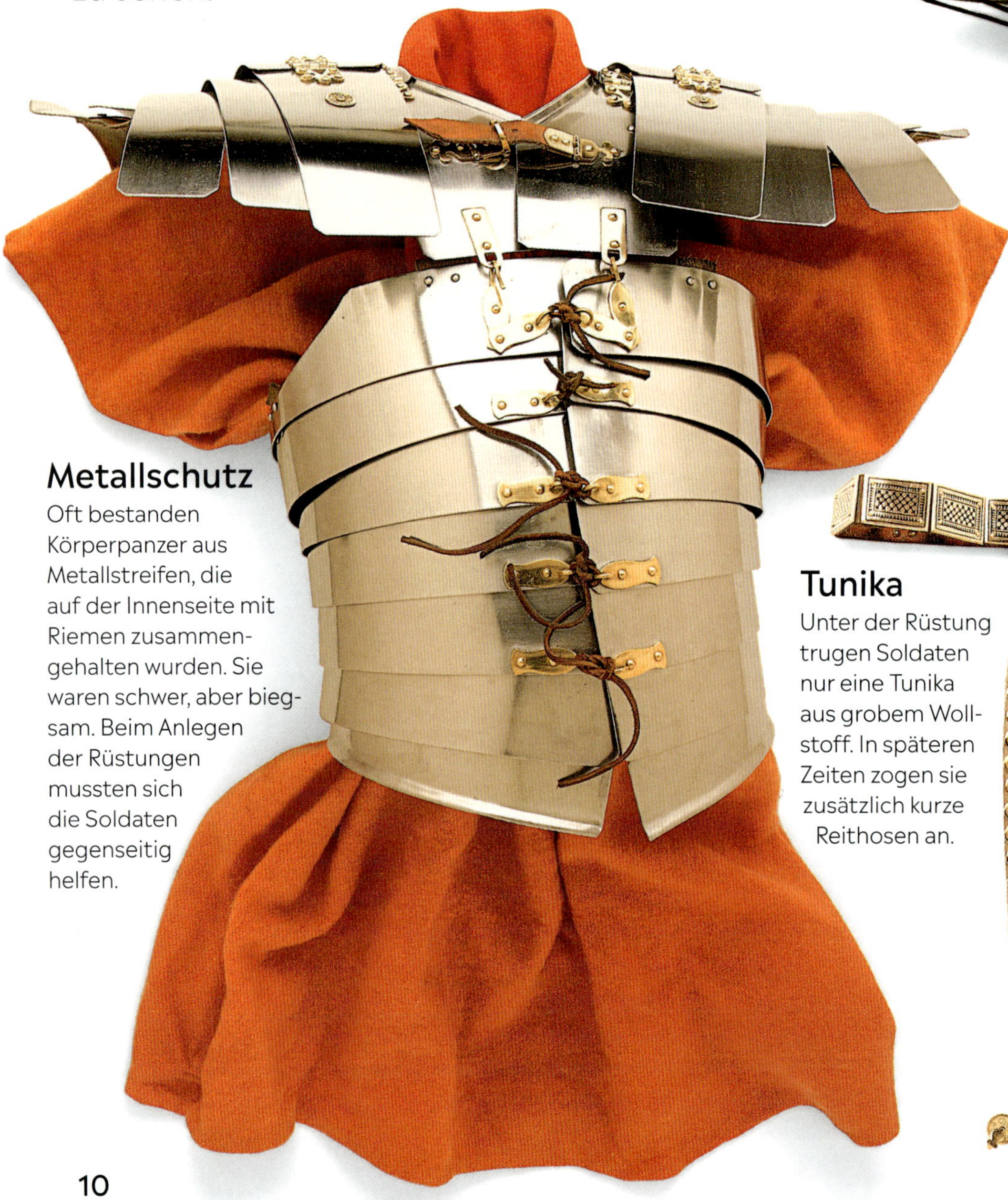

Metallschutz

Oft bestanden Körperpanzer aus Metallstreifen, die auf der Innenseite mit Riemen zusammengehalten wurden. Sie waren schwer, aber biegsam. Beim Anlegen der Rüstungen mussten sich die Soldaten gegenseitig helfen.

Tunika

Unter der Rüstung trugen Soldaten nur eine Tunika aus grobem Wollstoff. In späteren Zeiten zogen sie zusätzlich kurze Reithosen an.

Leibgurt

Der *balteus*, eine Art Gürtel, war das Dienstabzeichen eines Soldaten. Die verzierten Lederstreifen boten zusätzlichen Schutz im Kampf.

Schwer bepackt

Jeder Legionär trug einen Rucksack mit 40 kg oder mehr Gewicht und musste oft bis zu 30 km am Tag mit Gepäck marschieren. Daher nannte man die Soldaten nach dem Feldherrn, der das Marschgepäck eingeführt hatte, „Maultiere des Marius“.

Speer

Legionäre trugen einen schweren Speer (*pilum*). Ein „Regen“ von Speeren, die durch die Luft flogen, sollte einen Angriff des Feindes stoppen.

Sandalen

Die Militärsandalen (*caligae*) waren robust und luftdurchlässig. Auf der Sohle hatten sie ein Profil aus eisernen Nägeln, um kilometerlange Märsche zu überstehen.

Waffen

Auf der linken Seite trugen Soldaten einen Dolch (*pugio*), auf der rechten Seite ein Kurzschwert (*gladius*), das auch für den Nahkampf geeignet war.

Die römische **Armee**

Zu Beginn des 1. Jahrhunderts n. Chr. hatte das Römische Reich fast schon seine größte Ausdehnung erreicht. Nun mussten die Soldaten die Grenzen der Provinzen sichern und Aufstände niederschlagen. Manchmal führten Kaiser das Heer an, um weitere Gebiete zu erobern oder Feinde an den Grenzen abzuwehren. Die Armee wurde von Hilfssoldaten unterstützt, die keine römischen Bürger waren und oft aus eroberten Ländern stammten.

Beschlag für ein Pferdegeschirr
Dies ist ein Beschlag aus einem Satz versilberter Gurtbeschläge, die man in Xanten gefunden hat.

Sporen
Römische Reiter benutzten Sporen an den Schuhen, um ihre Pferde anzutreiben.

Römerkastell
Die Wintermonate verbrachten Soldaten in befestigten Lagern aus Stein oder Holz. Links ist das wiederaufgebaute Tor eines solchen Kastells in der damaligen Provinz Britannien zu sehen.

Hilfssoldat
Hilfssoldaten wurden zur Bewachung der Grenzen des Römischen Reichs eingesetzt.

Kriegsbeute
Die Elfenbeintafel zeigt im Krieg erbeutete Waffen. Mit der Beute wurden zum Teil die Truppen bezahlt und Roms Pracht finanziert. Aus den eroberten Gebieten kamen zudem Millionen versklavter Menschen nach Italien.

Speerspitze
Hilfssoldaten benutzten leichte Wurfspeere (S. 11) und schwerere Speere zum Stoßen auf kurze Distanz. Diese eisernen Speerspitzen stammen aus Dorset in England. Die Holzschäfte sind schon lange verrottet.

Schild
Die Holzschilde der Soldaten hatten eine Metallabdeckung über dem Griff. So boten sie Schutz im Nahkampf.

Stoffhemden mit aufgenähten Bronzeschuppen dienten als
Brustpanzer

Die Reitertruppen

Die Reitersoldaten, die zu Pferd kämpften, wurden besonders gut entlohnt, da sie ihre eigenen Pferde unterhalten mussten. Oft kamen die Hilfskavalleristen aus den Provinzen Gallien, Germanien und Thrakien (heute Bulgarien). Die Reitertruppen erkundeten das Gelände, bewachten die Flanken der Legion in der Schlacht und verfolgten die besiegten Feinde.

Parade

Auf dem Relief sind Legionäre und Reiter zu sehen. Die Legionäre tragen Wappen auf ihren Helmen (S. 10).

Kampf gegen Barbaren

Das Relief auf diesem Marmorsarkophag zeigt ein Gewirr aus Menschen, Pferden und Rüstungen. Es stellt römische Soldaten dar, die gegen Völker aus dem Norden, die sogenannten Barbaren, kämpfen. Lebensecht wird das Chaos in der Schlacht dargestellt.

Die Zügel in der Hand

Die römischen Pferdegeschirre unterschieden sich kaum von den heutigen. Lederzügel und Zaumzeug waren mit einem Trensenstück verbunden, das im Pferdemaul steckte.

Die **Soldaten**

In der römischen Gesellschaft spielten Soldaten eine wichtige Rolle. Ärmere Männer traten in die Armee ein, weil sie dort einen besseren Lebensstandard hatten und das Bauwesen erlernen konnten. Am Ende ihres Militärdienstes erhielten die Legionäre als Lohn Land oder Geld und die Hilfssoldaten das römische Bürgerrecht. Viele Männer, die in den Provinzen dienten, heirateten einheimische Frauen. Das trug dazu bei, die römische Kultur und Tradition im Römischen Reich zu verbreiten. Um die Heerlager herum entstanden Siedlungen, von denen sich viele zu Städten entwickelten, wie Köln, Regensburg oder Passau in Deutschland.

Parade-maske

In Friedenszeiten trainierten die Soldaten viel. Bei Paraden trugen die Reiter oft aufwendige Rüstungen. Diese Bronzemaske stammt von einem Helm, der wahrscheinlich für Schaukämpfe der Reitertruppen hergestellt wurde.

Der Hadrianswall

Auf Befehl von Kaiser Hadrian baute die Armee eine gigantische Mauer, um Britannien vor den Angriffen der kaledonischen Stämme im heutigen Schottland zu schützen. Legionäre bauten den Wall und Hilfstruppen bewachten ihn.

Plakette aus Ton

Soldaten stellten auch Tonziegel selbst her, wie diese für ein Dach. Sie nennt den Namen der 20. Legion und zeigt ihr Emblem – einen wilden Eber, der angreift.

Der Hadrianswall hatte von Küste zu Küste eine Länge von
118 km.

Das Bildnis des Kaisers und seine Titel

Die Maske zeigt eine aufwendige Frisur.

Zum Gedenken

Im 1. und 2. Jahrhundert n. Chr. waren Gedenkgrabsteine sehr beliebt, so wie dieser von Insus, einem gallischen Reiter. Er diente während der Eroberung Britanniens in der römischen Armee. Der Grabstein wurde 2005 in Lancaster in Großbritannien gefunden.

Der Grabstein war früher bunt bemalt.

Grabstein

Dieser zerbrochene Gedenkstein gehörte zum Grab der Tochter eines römischen Standartenträgers.

Verlorener Goldschatz

Diese Goldstücke – es sind mehr als vier Jahreslöhne für einen Legionär – wurden in Kent (Großbritannien) vergraben, kurz nachdem die Römer in Britannien einmarschiert waren.

Dokument in Bronze

Ein Hilfssoldat, der 25 Jahre Militärdienst geleistet hatte, bekam das römische Bürgerrecht verliehen. Um ihren neuen Status als römische Bürger zu beweisen, ließen manche dieser Soldaten Kopien aus Bronze von der offiziellen Urkunde anfertigen.

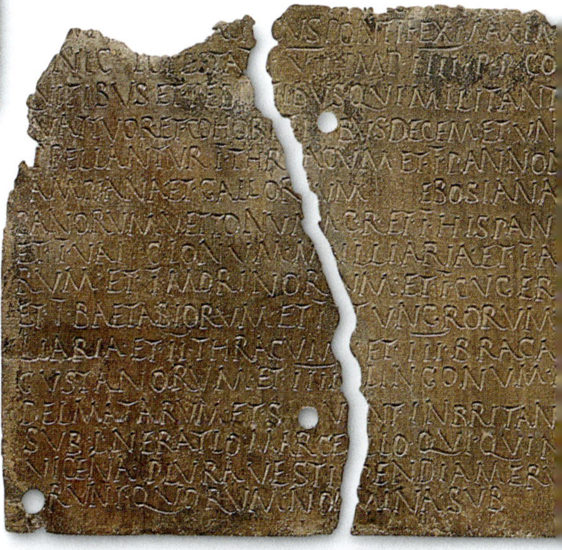

Auf der Innenseite befindet sich der Deckel.

Geldbörse

Soldaten trugen Bargeld in Lederbeuteln oder bronzenen Geldbörsen (links). Diese Börse wurde wie ein Armband getragen. Sie konnte nur geöffnet werden, wenn sie abgenommen wurde, und war daher schwer zu rauben.

Die römische **Gesellschaft**

Im alten Rom war die Gesellschaft unterteilt in römische Bürger, Nichtbürger (Provinziale, die in den römischen Provinzen lebten oder außerhalb des Römischen Reichs) und Sklaven. Die römischen Bürger gliederten sich in drei Stände: Es gab die sehr wohlhabenden adligen Familien der Patrizier, aus denen Senatoren und Kaiser hervorgingen, die Ritter (Equites), die in der Armee dienten oder in der Verwaltung beschäftigt waren, und die einfachen Bürger (Plebejer). Frauen waren von der Politik ausgeschlossen und Sklaven führten ein hartes Leben.

EINBLICK

Expertin für die Kultur der Römer
Mary Beard von der Universität Cambridge (Großbritannien) ist Professorin für antike römische Schriften. Mary erklärt, dass es mehrere Geschichten über Rom gibt, da mit der Untersuchung jedes neuen Beweisstücks die Geschichte Roms neu geschrieben wird.

Fibel

Eine Gewandnadel (*fibula*) benutzte man zur Befestigung eines Umhangs am Gewand.

Auf der Rückseite der Fibel ist eine Anstecknadel angebracht.

Ringe

Ringe aus Gold waren ein Rangzeichen in der Armee. Ringe mit geschnittzten Steinen benutzte man zum Besiegeln von Dokumenten.

Siegelring aus Gold

Silberne Ringe, die Herkules (links) und Mars (unten) zeigen

Ring mit einer Goldmünze

Symbol der Macht

Wichtige Beamte wurden von Liktoren begleitet, Männern, die eine Axt in einem Bündel von Ruten (*fasces*) trugen. Dies war das Zeichen, dass sie die Macht besaßen, andere Menschen zu bestrafen.

Die Ruten wurden mit Riemen zusammengebunden.

Axt

Männertracht

Die Männer im alten Rom trugen eine knielange, ärmellose Tunika mit verschiedenen Arten von Umhängen. Bei formellen Anlässen trugen die römischen Bürger eine schwere weiße Toga.

Dokument mit Stempel

Diese Schreibtafel trägt den Stempel des Prokurators der Provinz Britannien, der in der Provinz Britannien die Steuern eintrieb und die Armee bezahlte. Sein Vorgesetzter war der Statthalter – ein Senator, der die Armee befehligte und die Gerichtsbarkeit verwaltete.

Auf der anderen Seite des Täfelchens befand sich eine Wachsschicht zum Beschreiben (S. 40).

Flucht aus der Arena

Die meisten römischen Gladiatoren waren Sklaven, aber durch Siege in der Arena konnten sie ihre Freiheit erlangen. Das beschriftete Täfelchen aus Knochen (oben) gewährte dem Gladiator Moderatus die Freiheit.

Das Forum

Jede römische Stadt hatte ein Forum, einen Marktplatz, der von öffentlichen Gebäuden umgeben war. Das *Forum Romanum* (oben) war das Herz der Hauptstadt Rom. Auf der rechten Seite befindet sich die Kurie, der Sitz des Senats, und in der Nähe der kaiserliche Palast und das Kolosseum.

Um 130 n. Chr. waren gestutzte Bärte in Mode.

Haartracht und Bärte

Römische Männer waren modebewusst. Der Mann, der hier als Bronzebüste dargestellt ist, trägt das Haar ein wenig länger und den Bart kurz gestutzt. Mit der Zeit wurden längere Bärte immer beliebter.

Büste
Die kleine Silberbüste ist vermutlich das Porträtbildnis einer vornehmen römischen Dame.

Frauen im **alten Rom**

Römische Frauen sollten gute Ehefrauen und Mütter sein. Die Mädchen erhielten, wenn überhaupt, nur eine einfache Schulausbildung. Wohlhabende Frauen konnten jedoch ihre Unabhängigkeit genießen, vor allem wenn sie Witwen waren. Einige führten sehr erfolgreich Geschäfte. Viele Frauen – vom Dienstmädchen bis zur Landarbeiterin – waren jedoch versklavt.

Spinnrocke
aus Silber zu
Aufspulen v
Wolle ode
Leinen

Bronzenadel für feine Arbeiten

Nadel aus Knochen

Fingerhut aus Bronze

Kosmetik

Viele römische Frauen benutzten Make-up. Sie puderten ihr Gesicht mit Kreidepuder oder Bleiweiß und schminkten die Augen mit einer Mischung auf Aschebasis. Roter Ocker wurde für Wangen und Lippen verwendet.

Das Wandgemälde zeigt ein Mädchen, das Parfüm in ein Fläschchen abfüllt.

Spatel aus Silber zum Mischen von Kosmetika

Kleiner Parfümbehälter aus Onyx-Stein

Spinnen und weben

Das Garnspinnen und das Weben von Stoffen für die Herstellung von Kleidung war traditionell Frauenarbeit, die die wohlhabenden Damen mieden. Kaiser Augustus zwang seine Tochter Julia zur Handarbeit, um anderen ein Beispiel zu sein. Julia aber hasste das Spinnen und Weben!

Dieser Elfenbeinkamm aus einem Grab trägt die Inschrift „Modestina, lebe wohl“.

Frauenkleidung
Die römischen Frauen trugen als Unterkleid eine Tunika aus Wolle oder Leinen und eine zweite Tunika darüber – und manchmal dazu noch einen Umhang.

Schmuck

Ringe, Armbänder und Halsketten waren sehr beliebt (S. 43). Meist bestand der Schmuck aus günstiger Bronze oder Glas. Viele Frauen ließen sich ihre Ohrläppchen für das Tragen von Ohrringen durchstechen.

Mumienbildnis
Dieses Porträt in Wachsmalerei stammt aus einem ägyptischen Grab aus der Römerzeit. Es zeigt das Idealbild einer römischen Frau.

Ohrringe aus kostbaren Edelsteinen

Goldohrringe in Form von Delfinen

Ohrringe in Entenform aus Syrien

Bronzering mit dem eingravierten Namen Sabbina

Goldener Ring mit Siegelstein

Halbmondförmiger Anhänger aus Gold

Geflochtene Goldkette

Halskette aus Gold und rotem Granat

Berufe für Frauen

Für römische Frauen gab es außerhalb des Hauses kaum Beschäftigungen. Reiche Frauen konnten Priesterinnen werden (S. 52) und einige wenige führten ihr eigenes Geschäft. Es gab professionelle Hebammen, Friseurinnen und Ärztinnen, aber die meisten Berufe blieben den Männern vorbehalten.

Familienausflug

Römische Kinder wurden wie Erwachsene gekleidet und begleiteten die Eltern oft zu offiziellen Anlässen. Dieser Ausschnitt aus einem Denkmal zeigt die Mitglieder der kaiserlichen Familie bei einer Opferprozession.

Kindheit

Einige römische Kinder besaßen Spielzeug und vergnügten sich mit Spielen, die wir heute noch kennen. Wohlhabende Familien hatten Hauslehrer, die die Kinder unterrichteten, oder sie schickten ihre Söhne im Alter von sieben bis elf Jahren in die Schule, um Mathematik und Grammatik zu lernen. In der Schule musste viel auswendig gelernt werden – und es gab Prügel für Fehler. Mädchen erhielten meist nur eine Grundausbildung zu Hause und mussten im Haushalt helfen. Kinder aus ärmeren Familien erhielten keine Schulbildung, sondern wurden gleich zur Arbeit geschickt, um vielleicht einen Beruf zu erlernen.

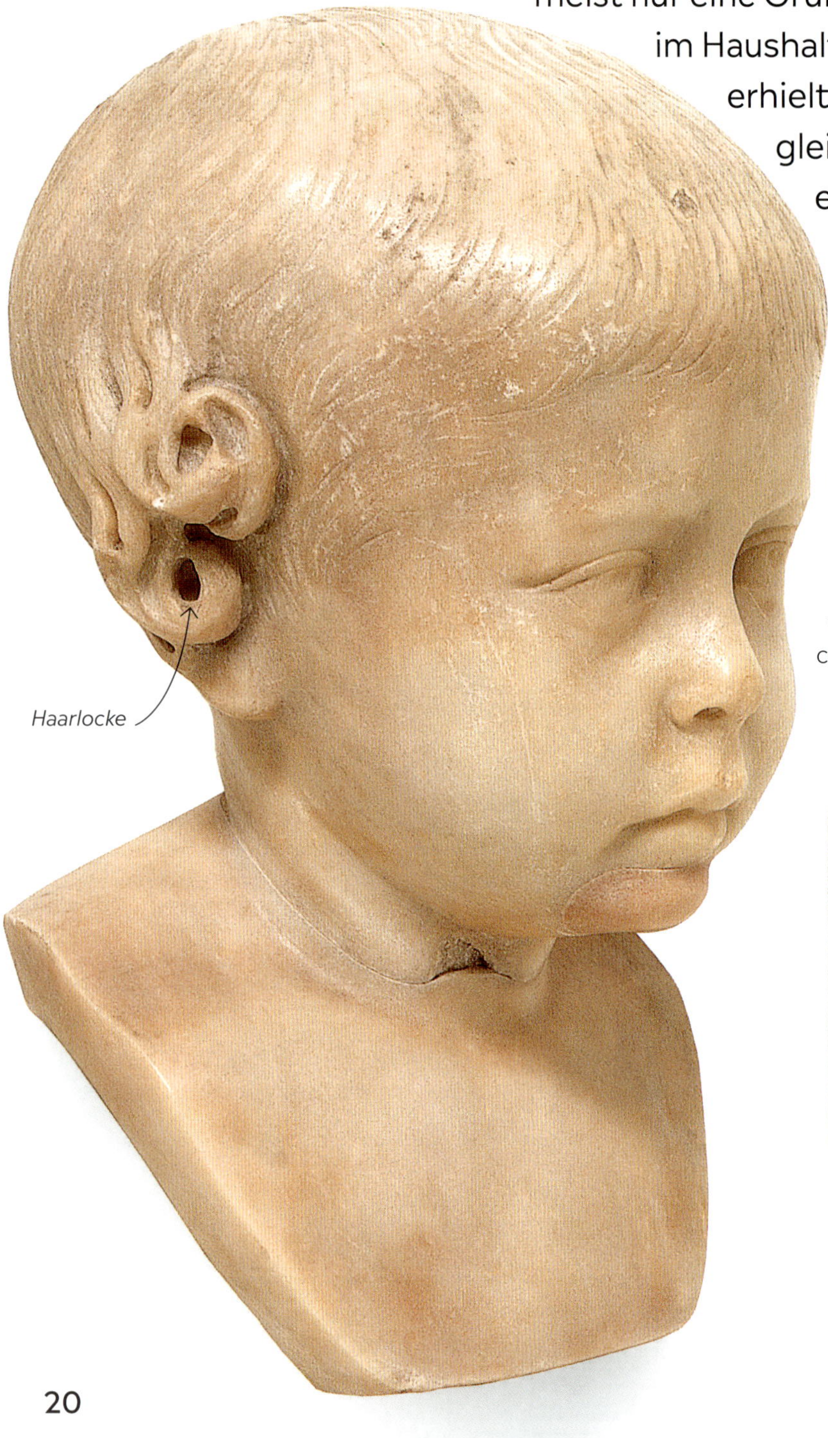

Haarlocke

Bildnis eines Jungen

Die Marmorbüste stellt einen etwa fünfjährigen Jungen dar. Die seltsame Haarlocke an der Seite zeigt, dass in seiner Familie die Göttin Isis verehrt wurde (S. 50).

Nickerchen machen

Viele Kinder im Römischen Reich waren Sklaven. Auf diesem Ölfläschchen ist ein junger Sklave abgebildet, der auf einer Kiste döst, während er auf die Rückkehr seines Herrn wartet.

Spielzeugwagen

Einige Kinder reicher Familien hatten Spielzeugwagen, die von Haustieren gezogen wurden. Das von einer Gans gezogene Wägelchen auf diesem Mosaik ist wahrscheinlich aber nur eine nette Erfindung.

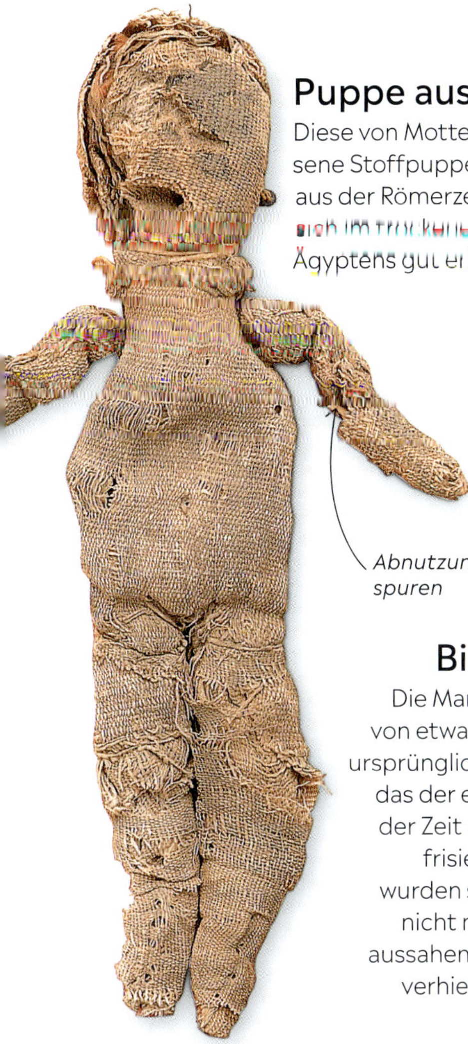

Puppe aus Stoff

Diese von Motten zerfressene Stoffpuppe stammt aus der Römerzeit. Sie hat sich im trockenen Klima Ägyptens gut erhalten.

Abnutzungsspuren

Giftiges Material!

Dieses Spielzeugkamel aus Ägypten würde heute nicht mehr verkauft werden, denn es ist aus Blei gefertigt. In römischer Zeit war noch nicht bekannt, dass Blei gesundheitsschädlich ist.

Murmeln aus Glas

Murmeln aus Ton

Murmeln

Schon in römischer Zeit spielten Kinder mit Murmeln, die aus verschiedenen Materialien hergestellt wurden.

Bildnis eines Mädchens

Die Marmorbüste zeigt ein Mädchen von etwa zehn Jahren. Das Haar war ursprünglich rot gefärbt und ist wie das der erwachsenen Frauen in der Zeit um 200 n. Chr. schön frisiert. Römische Kinder wurden so erzogen, dass sie nicht nur wie Erwachsene aussahen, sondern sich auch verhielten wie ihre Eltern.

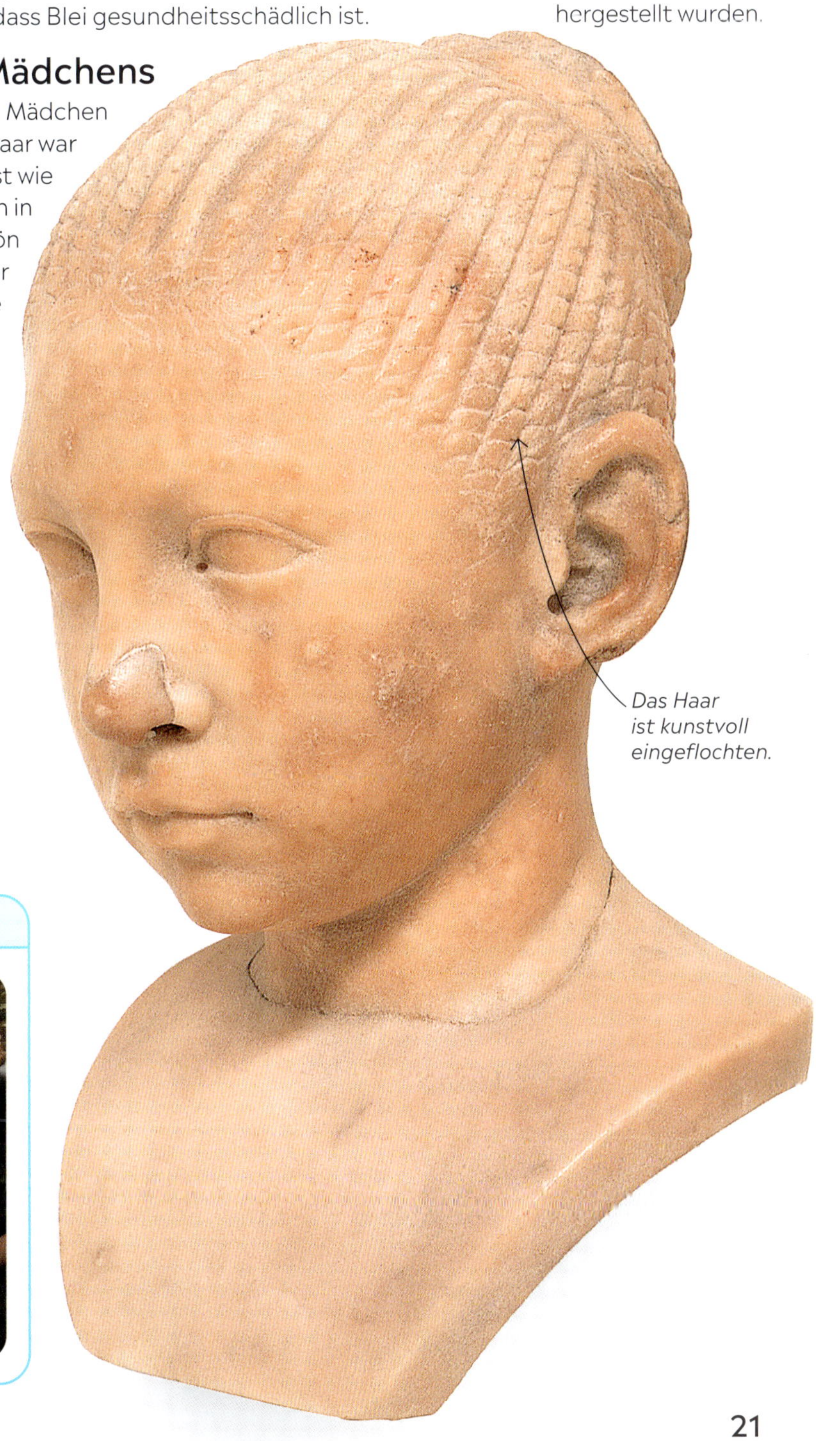

Das Haar ist kunstvoll eingeflochten.

Streitwagen

Dieses Modell eines Streitwagens zeigt, dass der Nervenkitzel der Rennbahn für römische Kinder wahrscheinlich so aufregend war, wie es heute Rennwagen sind.

EINBLICK

In Hauswände geritzt

Dr. Katie Huntley erforscht das Alltagsleben in Rom. Sie hat mehr als 150 von Kindern angefertigte Wandkritzeleien untersucht, die einen einzigartigen Einblick in das Leben der Kinder geben. Zeichnungen von Gladiatoren oder Jägern könnten bedeuten, dass Kinder bei Veranstaltungen in der Arena dabei waren.

Eheschließung

Ein Paar tauscht das Eheversprechen aus und reicht sich die rechte Hand, um die Verbindung zu zeigen. In der anderen Hand hält der Bräutigam den Ehevertrag.

Familien**leben**

Die Familie war den Römern besonders wichtig. Der Vater oder *pater familias* herrschte als Oberhaupt über die ganze Familie. Er besaß sogar die Macht über Leben und Tod der versklavten Menschen in seinem Haushalt, die in der Regel ein hartes Leben führten. Einige der Haussklaven jedoch, wie Hauslehrer oder Sekretäre, wurden weniger streng behandelt. Die Führung des Haushalts und die Finanzen überwachte die Ehefrau. Sie beaufsichtigte auch die Kinder.

Verlobungsringe

Der Bräutigam schenkte seiner zukünftigen Frau oft einen Ring mit eingravierten Händen als Symbol der Ehe.

Selbstbewusste Frauen

Die Göttin Feronia war beliebt bei ehemaligen Sklavinnen. Eine Frau namens Hedone stiftete nach ihrer Freilassung der Göttin diese Gedenktafel.

Römische Hochzeit

Im alten Rom wurden Ehen oft aus politischen oder finanziellen Gründen geschlossen. Die Braut trug ein schönes Kleid und einen orangefarbenen Schleier. Die Hochzeit wurde im Haus der Braut oder in einem Heiligtum abgehalten. Man opferte den Göttern, um ihre Zustimmung zu erhalten.

Aus dem Gedächtnis gelöscht

Einst zeigte das Medaillon Kaiser Severus mit seiner Frau und seinen zwei Söhnen Caracalla und Geta. Als Severus gestorben war, ließ Caracalla seinen Bruder Geta ermorden. Nach der Bluttat entfernte man Caracallas Bildnis.

Ein belebtes Haus

Die Häuser der wohlhabenden Römer würden uns heute beengt vorkommen, mit den im Haushalt lebenden versklavten Menschen, die mit Putzen, Kochen und Einkaufen beschäftigt waren. Zum Haushalt gehörten auch Tiere, wie Wachhunde und Katzen, die Mäuse jagten. Haustiere hielt man hauptsächlich für die Kinder.

Schwerer Alltag

Dieses Tonfigürchen zeigt einen weinenden Haussklaven. Weint er wegen seines harten Lebens?

Sklaven-Plakette

Das Bronzeschild sagt: „Haltet mich fest, wenn ich weglaufe, und bringt mich zu meinem Herrn Viventius auf dem Anwesen des Callistus zurück."

Wachhund

Um Einbrecher abzuschrecken, hielten viele Römer scharfe Wachhunde, die vor der Haustür angekettet waren.

Schützende Hausgötter

Die Römer verehrten viele Götter und Göttinnen (S. 50), vor allem Gottheiten und Geister, die den Haushalt beschützen sollten. Jedes Haus hatte sein Heiligtum, in dem die Familie betete und Opfergaben darbrachte. Es war außerdem wichtig, an die Vorfahren zu erinnern. Um die Toten zu ehren (S. 56) besuchte man regelmäßig die Familiengräber.

Schlangengeist
Jeder Haushalt hatte auch einen eigenen Schutzgeist. Er wurde als bärtige Schlange dargestellt, wie auf dem Hausschrein unten zu sehen ist.

Figur eines Schutzgottes
Die Geister der Vorfahren der Familie waren die *lares*. Diese kleine Bronzefigur eines *lar* hält in der einen Hand ein Trinkhorn mit Wein für das Trankopfer und in der anderen Hand eine Opferschale (S. 52).

Persönliche Schutzgeister
Genien waren die Schutzgeister von Männern. Frauen standen unter dem Schutz der Juno.

Hausschrein
Dieses Hausheiligtum (*lararium*) aus einem Haus in Pompeji hat die Form eines kleinen Tempels.

Dankbare Freigelassene
Oft wurde ein Hausherr, nachdem er den versklavten Männern und Frauen in seinem Haushalt die Freiheit geschenkt hatte, von ihnen geehrt. Dieses Denkmal zeigt Lucius Antistius Sarculo und seine Frau Antistia. Auf der Inschrift ist zu lesen, dass die Freigelassenen Rufus und Anthus, die zuvor im Haushalt der beiden gearbeitet hatten, dieses Denkmal zu ihren Ehren errichtet haben. Die Freigelassenen müssen selbst wohlhabend geworden sein, um sich so ein Denkmal leisten zu können.

Haus und **Heim**

Skorpion

In den Häusern und Gärten im alten Rom lebten auch viele Tiere, die man heute noch in Italien findet: Skorpione saßen in dunklen Ecken und Eidechsen sonnten sich auf den Mauern.

Wohlhabende Römer besaßen in der Stadt und auf dem Land Häuser. Diese hatten meist den gleichen Grundriss: Die Eingangstür führte in eine nach oben offene Halle (*atrium*) mit einem Becken, um Regenwasser aufzufangen. Vom Atrium aus gingen weitere Räume ab. Die Wände waren hell gestrichen und die Böden oft mit Mosaiken verziert. Selbst in den Häusern der Wohlhabenden gab es nur wenige Möbel. Die meisten Menschen im alten Rom lebten jedoch in Armut auf Bauernhöfen oder in überfüllten Mietskasernen in der Stadt. Hier gab es kein fließendes Wasser und Feuer war eine ständige Gefahr.

Eidechsen, wie diese Bronzefigur eine darstellt, leben heute noch zahlreich in den Ruinen von Pompeji.

Katze und Taube

Dieses Mosaik einer Katze, die gerade eine Taube gefangen hat, besteht aus Tausenden von winzigen Steinwürfeln mit einer Seitenlänge von nur etwa 5 mm.

Türschloss

Um Einbrecher abzuhalten, gab es Schlösser an den Türen. Der komplizierte Schlüsselbart (ganz rechts) passt durch das Schlüsselloch (rechts) und in die Kerben des Türriegels (rechts oben).

Die Kerben im Türriegel passen in die Form des Schlüsselbarts.

Zahnräder, die mit Griffen an der Außenseite verbunden sind

Tresor

Diese Holzbox hat zwei Schiebeverschlüsse im Deckel (hier ist die Rückseite zu sehen). Diese wurden durch Drehen der Zahnrädchen von außen betätigt. In Kisten wie dieser bewahrte man Geld und Wertsachen auf.

Seitenteil einer Liege

Diese geschnitzte Elfenbeinplatte von der Seite einer Liege zeigt Bacchus, den Gott des Weins, der gerade eine Traube pflückt. Über ihm schwebt Amor, der Gott der Liebe.

Das Atrium

Wohlhabende Römer empfingen Gäste im Atrium. Dieser Raum besaß ein Wasserbecken und ein Oberlicht. Rechts sieht man das Atrium im Haus der Samniten in Herculaneum bei Pompeji.

Möbelstück

Dieser bronzene Elefantenkopf war einmal das Bein von einem Möbelstück – vermutlich einer Liege.

Der Fuß ähnelt einer Löwenpranke.

In diese Öffnung, die ursprünglich mit einem Scharnierdeckel abgedeckt war, wurde das Öl in die Lampe gegossen.

Die Beleuchtung

Die Römer erhellten ihre Häuser mit Öllampen aus Ton oder Bronze. Die Lampen brannten mit Olivenöl, das nicht nur ziemlich teuer war, sondern auch nicht besonders hell leuchtete. Oft war es eine bessere Idee, ins Bett zu gehen, wenn es dunkel war!

Seitenteil mit Maultierkopf

Kupfer- und Silbereinlagen

Maultierkopf und Satyr

Diese bronzene Liege (oben) ist an den Enden mit dem Kopf eines Maultiers und dem Kopf eines Satyrs (Waldgott) verziert.

Szene aus einer Wandmalerei aus Stabiae in der Nähe von Pompeji

Roms **Baukunst**

Die Römer waren geschickte Baumeister und errichteten Tempel, Villen und prächtige öffentliche Gebäude aus Stein, Ziegel und Marmor. Sie verwendeten oft Bögen und erfanden die freitragende Kuppel. Außerdem verfügten sie über hervorragende technische Fähigkeiten: Sie erbauten Aquädukte, um Städte mit Trinkwasser zu versorgen, und konstruierten Straßen und Brücken, die noch heute in Gebrauch sind.

Römische Straße

Straßen wurden meist schnurgerade und mit einer Wölbung (Buckel) gebaut, damit das Regenwasser abfließen konnte. Sie bestanden aus mehreren Schichten und waren mit Steinplatten oder Schotter bedeckt.

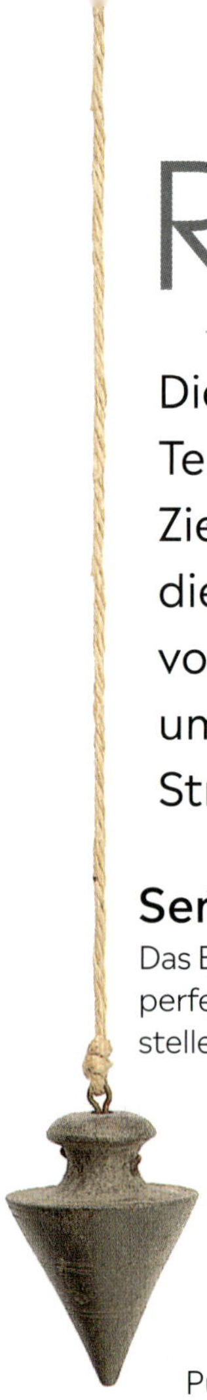

Senkblei

Das Bronzegewicht an der Schnur ergibt eine perfekte Senkrechte. So konnte man sicherstellen, dass Wände gerade gemauert waren.

Zollstock

Der bronzene Zollstock konnte am Gürtel oder in einer Tasche getragen werden. Er hat die Länge von 1 römischen Fuß (296 mm).

Der römische Fuß war in 12 römische Zoll unterteilt.

Stemmeisen

Die Römer benutzten Werkzeuge wie dieses Stemmeisen, wenn sie Holz bearbeiteten. Die Werkzeuge waren besonders nützlich bei der Herstellung von Dachstühlen.

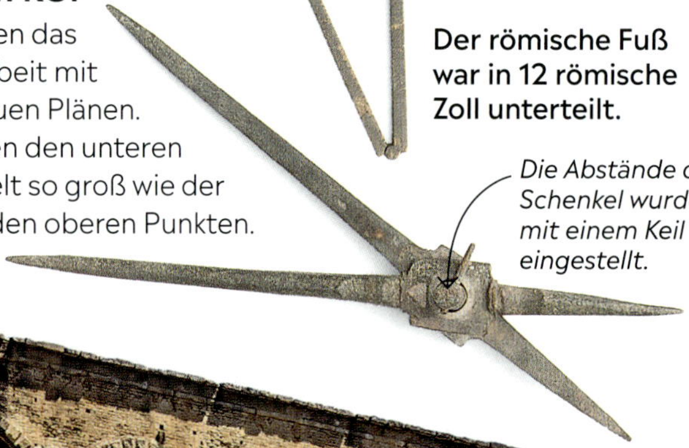

Proportionszirkel

Baumeister benutzten das Gerät bei der Arbeit mit maßstabsgetreuen Plänen. Der Abstand zwischen den unteren Punkten ist immer doppelt so groß wie der zwischen den oberen Punkten.

Die Abstände der Schenkel wurden mit einem Keil eingestellt.

Winkelmesser

Hiermit überprüften Maurer und Zimmerleute rechte Winkel. Auch bei der Herstellung von Mosaikbildern kam der Winkelmesser zum Einsatz.

Römische Wasserversorgung

In vielen römischen Städten leiteten große Aquädukte Frischwasser an Wasserentnahmestellen, insbesondere öffentliche Brunnen, aus denen die meisten Menschen ihr Wasser in Eimern schöpften. Die öffentlichen Bäder und Toiletten verfügten über eine eigene Wasserversorgung. Auch größere Privathäuser hatten oft eine eigene Wasserleitung und sammelten zudem das Regenwasser im Atrium (S. 25). Das Wasser wurde über ein ausgeklügeltes System von Bleirohren zu den Häusern geleitet und die Abwässer über ein Kanalsystem abgeleitet.

Springbrunnen in Pompeji
Die Brunnenfigur zeigt einen Jungen mit einer Gans im Arm. In einem versteckten Tank im Brunnen drückt das Gewicht des Wassers einen feinen Wasserstrahl aus dem Schnabel der Gans.

PUMPE IN BETRIEB

Die Rekonstruktion zeigt, wie die Pumpe funktionierte: Zwei Pumpen waren miteinander verbunden. Jede hatte einen Kolben (a). Wurde dieser durch den Griff (b) angehoben, saugte er Wasser durch ein Einwegventil (d) in den Zylinder (c). Wurde er nach unten gedrückt, saugte er Wasser in das Auslassrohr (e) und presste es durch ein weiteres Ventil (f) hinaus. Beide Zylinder pressten so abwechselnd Wasser aus dem Rohr (g).

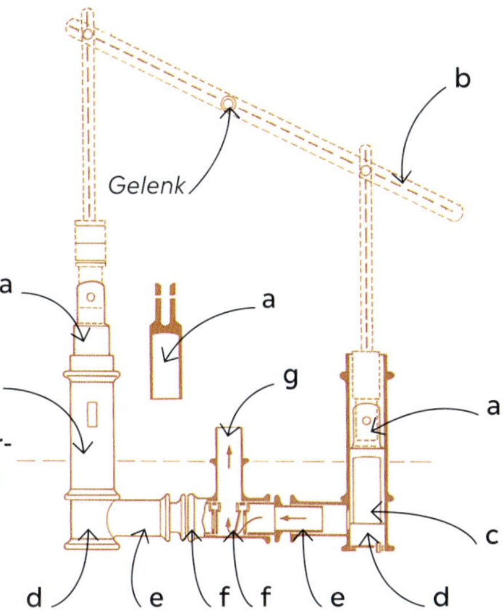

Toilette mit mehreren Sitzplätzen
Eine Wasserrinne unter den steinernen Sitzen spülte die Fäkalien sofort weg.

Pont du Gard (Frankreich)

Diese dreistöckige Steinbrücke war ein über 50 km langes Aquädukt. Das Wasser floss oben auf der Brücke in einem überdachten Kanal.

Dieser Abschnitt wurde herausgeschnitten. So sind die Auslassventile und die Rohrverbindungen sichtbar.

Der Ventildeckel ließ Wasser herausfließen, schloss sich aber, wenn das Wasser zurückfloss.

Originalpumpe
Pumpen wie diese gut erhaltene Bleipumpe dienten dazu, Wasser von unten nach oben zu transportieren. Der römische Schriftsteller Vitruv berichtet, dass solche Pumpen auch öffentliche Brunnen (oben links) mit Wasser speisten.

Das **Kolosseum**

Das Kolosseum in Rom ist ein Wunderwerk der Technik und das größte aller Amphitheater im Römischen Reich. Es wurde 80 n. Chr. von Kaiser Titus eröffnet und hatte 80 bogenförmige Ein- und Ausgänge, damit Besucher es schnell betreten und auch wieder verlassen konnten. Ein riesiges Sonnensegel ließ sich über das Dach spannen, um Schatten zu spenden, und bei Nacht erhellte ein riesiger eiserner Leuchter die Arena. Die Römer strömten in das Amphitheater, um die Gladiatoren kämpfen zu sehen. Die Spiele wurden von Kaisern oder von anderen wichtigen Römern veranstaltet, die die Gunst des Volkes gewinnen wollten.

Obwohl ein Teil des Gebäudes als Steinbruch genutzt wurde, zählt das Kolosseum heute zu den berühmtesten Touristenattraktionen der Welt.

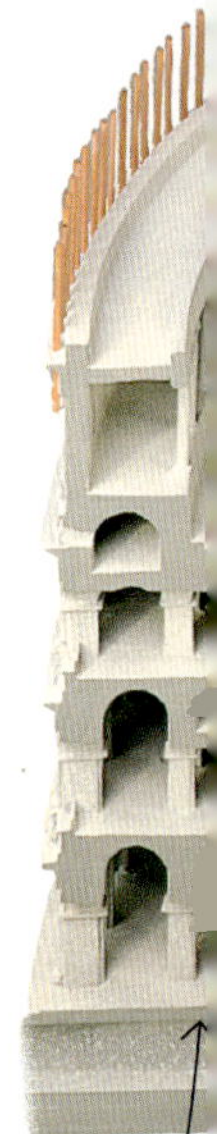

Das Gewicht der Zuschauertribüne wurde von Bögen getragen.

Das Kolosseum bot Platz für
50 000 Zuschauer.

Blut und Sand

Die Arena war mit Sand bedeckt, um das vergossene Blut aufzusaugen. Unter der Arena befanden sich Zellen und Gänge. Wenn es Zeit zum Kämpfen war, wurden Menschen und Tiere in Aufzügen nach oben gezogen und verschwanden oft durch Falltüren wieder von der Bühne.

RÜCKBLICK

Kaiser Titus bei den Spielen

Im Jahr 80 n. Chr. eröffnete Kaiser Titus (39–81 n. Chr.) das Kolosseum mit hundert Tagen Gladiatoren- und Tierkämpfen. Titus bevorzugte thrakische Gladiatoren (S. 33). Bei den Eröffnungsspielen versprach er, die Menge anzuhören, um zu beurteilen, wie gut ein Gladiator kämpfte. Diese Entscheidung konnte das Leben eines Kämpfers retten.

Die Ruine des Kolosseums ist seit vielen Jahrhunderten ein beliebtes Motiv für Künstler.

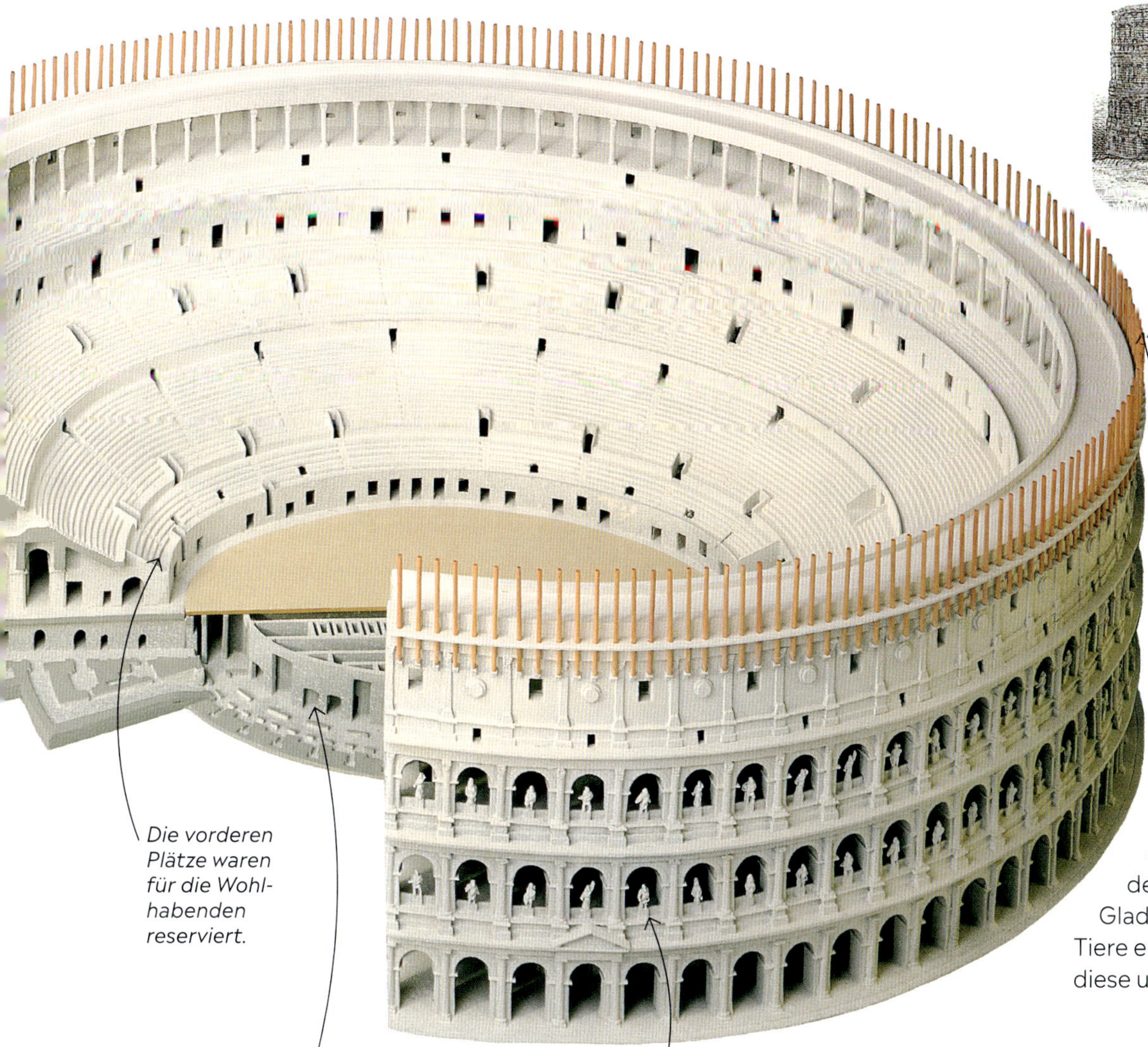

Blick ins Innere

Diese Rekonstruktion des Kolosseums bietet auch einen Blick in das Gebäude und zeigt die Tunnel, die unter der Arena verliefen. Die Gladiatoren, Darsteller und Tiere erreichten die Arena durch diese unterirdischen Gänge.

Tödlicher **Kampf**

In der Arena

Dieses Gemälde aus dem 19. Jahrhundert zeigt einen siegreichen Gladiator, der zum Publikum und dem Kaiser hinaufblickt, die entschieden, ob der besiegte Gladiator leben oder sterben sollte. Zeigte der Daumen des Kaisers nach unten, musste der Kämpfer am Boden sterben!

Die meisten Gladiatoren waren versklavte Menschen oder Kriminelle, die in speziellen Schulen als Kämpfer ausgebildet worden waren. Es gab verschiedene Typen von Gladiatoren mit jeweils unterschiedlichen Waffen und Kostümen. Wenn die Gladiatoren Glück hatten, überlebten sie und gewannen ihre Freiheit. Viele Römer hielten das Leben dieser ausgebildeten Kämpfer für glamourös und manche Männer meldeten sich sogar freiwillig als Gladiatoren. Für viele Gladiatoren war das Leben jedoch brutal und kurz. Kaiser Commodus löste einen Skandal aus, indem er selbst in der Arena kämpfte.

Kleiner Bronzeschild

Ein Schild wie dieser wurde vermutlich von einem sogenannten Thraker getragen (S. 33). Im Kampf bot er keinen großen Schutz.

Der Netzkämpfer

Dieses Glasbild zeigt den Gladiatorentyp eines Netzkämpfers, der *retiarius* hieß. Er trug ein Netz mit Gewichten, um den Gegner damit einzufangen, und einen Dreizack. Verlor er sein Netz, war er meist dem Tod geweiht.

Beeindruckender Helm

Ein kunstvoller Bronzehelm wie dieser wurde von einem der schwerer bewaffneten Kämpfer getragen. Er bot zwar einen guten Schutz für den Kopf, aber durch das Visier des Helms konnte man nicht besonders gut sehen. Dies war im Kampf gegen einen schnellen Netzkämpfer (*retiarius*) gefährlich. Während des Kampfes wurde der Gesichtsschutz vorn mit einem Riegel verschlossen.

Fortsetzung auf der nächsten Seite

Fortsetzung von S. 31

Auf dem Weg in den sicheren Tod
Alle Arten von Tieren aus fremden Ländern, wie diese Antilope, wurden gefangen und auf Schiffe verladen. Man brachte sie nach Rom ins Kolosseum, um mit ihnen möglichst außergewöhnliche Spektakel zu veranstalten. Dies war den römischen Kaisern sehr wichtig und sie gaben für die Spiele viel Geld aus.

Mit Eisen und Klauen

Die Spiele im Kolosseum dauerten den ganzen Tag. Vormittags wurden wilde Tiere vorgeführt, die sich gegenseitig bekämpften, sich gegen „Jäger“ zur Wehr setzten oder unbewaffnete Verbrecher töteten. Gegen Mittag gab es eine Pause, in der die toten Tiere und Menschen entfernt wurden, während die Zuschauer auf die Hauptattraktion des Nachmittags warteten: die Gladiatoren.

Elefant
Auf der Suche nach immer neuen Sensationen in der Arena entdeckten die Römer schließlich exotische Tiere wie Afrikanische Elefanten.

EINBLICK

Frauen in der Arena
Auf diesem Relief aus Halikarnassos, einer Stadt in der heutigen Türkei, sind die Gladiatorinnen Amazona (links) und Achillia (rechts) im Kampf dargestellt. Historiker vermuten, dass die beiden Frauen, wie die meisten Gladiatoren, versklavte Menschen waren.

Überraschungsangriff
Diese Tontafel zeigt einen Leoparden, der sich auf einen unachtsamen *bestiarius*, einen Tierjäger, stürzt. Einige Jäger gaben gern an, indem sie beispielsweise auf Stelzen gegen die Großkatzen kämpften.

Kampf gegen Bären
Bären gab es auch in Italien, aber exotische Tiere wie Tiger, Nashörner, Strauße oder sogar Eisbären mussten die Römer von weit her transportieren.

Ausrüstung für tödliche Kämpfe
Die Löcher im Visier eines Helms waren klein genug, um das Gesicht zu schützen, ohne die Sicht zu versperren. Wurde der Träger des Helms beim Kampf getötet, reparierte man die wertvolle Rüstung und gab sie an einen anderen Mann weiter.

Detail eines Gladiatorenhelms

Die Entscheidung
Auf der Öllampe wird der letzte Moment eines Kampfes dargestellt. Ein verwundeter Gladiator wartet darauf, dass ihm der Sieger einen tödlichen Schlag versetzt.

Ein Leben im Schatten des Todes
Diese kleine Bronzestatue zeigt einen schwer bewaffneten Gladiator mit Rüstung an Kopf, Armen, Beinen und dem Bauch. Der Mann scheint verwundet zu sein, denn er hebt seine linke Hand, um darum zu bitten, verschont zu werden.

Die Gladiatoren

Bevor der Kampf in der Arena begann, riefen die Gladiatoren dem Kaiser zu: „Wir, die wir gleich sterben werden, grüßen dich." Mehrere Paare oder Gruppen kämpften gleichzeitig. Wurde ein Gladiator verwundet, konnte er um Gnade bitten. Der Kaiser hörte sich dann die Meinung der Menge an: Hatte er gut genug gekämpft, um verschont zu werden? Wenn nicht, zeigte das Volk mit dem Daumen nach unten und der Gladiator musste sterben.

Leicht bewaffnet
Einige Gladiatoren waren nur leicht bewaffnet, wie die beiden Bronzefiguren zeigen. Links ist ein Thraker mit einem gebogenen Dolch zu sehen und unten ein Netzkämpfer (S. 31).

Auf Leben und Tod
Diese Tontafel zeigt zwei schwer bewaffnete Gladiatoren. Einer verletzt den Hals seines Gegners, der andere zielt auf den ungeschützten Bauch.

Auf der **Rennbahn**

Von überall strömten die Menschen herbei, um Wagenrennen zu sehen. Ein Ausflug zu den Rennen bedeutete einen Tag, an dem man auf die Teams wettete, anfeuerte und sich vergnügte. Auf der Rennbahn knarrten die Wagen und die Pferde stampften in den Startboxen. Mit dem Startsignal öffneten sich die Tore und die Pferde galoppierten in einer Staubwolke um die Absperrung in der Mitte (*spina*). Die Zuschauer feuerten lautstark ihre Teams an. In der Hauptstadt gab es die Mannschaft der Grünen, Blauen, Roten und Weißen.

Der Sieger

Bei einem Sieg erhielt der Wagenlenker als Preis eine Siegerpalme und einen Beutel mit Gold.

Die Wagen waren sehr leicht gebaut, um maximale Geschwindigkeit zu erreichen.

Bronzemodell einer *biga* (eines der Pferde fehlt)

Pferd und Wagen

Zwei Pferde zogen die *bigae* genannten Streitwagen, die *quadrigae* wurden von vier Pferden gezogen. Die Siegerhengste setzte man zur Zucht von Rennpferden ein. Sehr oft kam es bei den Rennen zu schweren Stürzen und Todesfällen.

Das Publikum

Dieses moderne Gemälde zeigt die mit Zuschauern gefüllten Tribünen bei den Rennen. Anders als bei den Gladiatorenkämpfen und Theatervorstellungen durften hier Männer und Frauen zusammensitzen.

Bei einem Rennen starteten bis zu zwölf Streitwagen. Sie legten sieben Runden, also insgesamt etwa 8 km zurück.

Ben Hur

Der berühmte Film *Ben Hur* (1959) schildert das Leben eines Wagenlenkers. Vier Pferde in vollem Galopp zu steuern war besonders in den engen Kurven der Rennbahn äußerst schwierig.

Wagenlenker mit Pferd

Dieser Wagenlenker des Blauen Teams trägt ein Ledergeschirr, das ihn bei einem Sturz schützen sollte. Oft waren erfolgreiche Wagenlenker berühmt. Meist waren sie Sklaven, aber einige verdienten genug Geld, um sich freizukaufen.

Ein Wasserwesen bläst in eine Muscheltrompete.

Verzierte Wagenachse

Bei einem Streitwagen kam es nicht nur auf Schnelligkeit an, sondern auch auf ein schickes Aussehen. Diese Bronzeplatte schmückte das Ende einer Wagenachse.

Rekonstruktion der Pferderennbahn

Der riesige *Circus Maximus* in Rom bot Platz für bis zu 250 000 Menschen. Die Wagen rasten hier gegen den Uhrzeigersinn auf der Bahn. Sieben Runden später erreichten die Siegerwagen die Ziellinie gegenüber der Loge des Kaisers.

Das Theater

Theatermasken

Römische Schauspieler waren in der Regel männlich – Frauen durften nur als Pantomiminnen auftreten. Schauspieler trugen Masken, wie sie auf diesem Mosaik zu sehen sind. Die Maske verriet dem Publikum, was für eine Rolle der Schauspieler spielte.

Die Römer übernahmen von den Griechen die Tradition des Theaterspielens. Zunächst wurden Stücke bei religiösen Festen aufgeführt, später bezahlten Wohlhabende die Aufführungen, um Ansehen und Macht zu gewinnen. Die Eintrittskarten waren meist kostenlos. Das römische Publikum liebte lustige Komödien mehr als Tragödien. Die Geschichten handelten von entführten Erbinnen, verwirrten alten Männern und gerissenen Sklaven und hatten meisten ein Happy End. Die Römer erfanden auch die Pantomime. Dabei tanzte und mimte ein Schauspieler allein eine Geschichte aus einer griechischen Sage. Dazu gab es Gesang und Musik.

Maske aus einer Tragödie

Diese Marmorskulptur stellt eine Frauenmaske mit tragischem Gesichtsausdruck dar. Masken für den Gebrauch auf der Theaterbühne waren vermutlich aus versteiftem Leinenstoff gearbeitet und hatten Öffnungen für die Augen und den Mund des Schauspielers.

Schauspielertruppe

Dieses Mosaik zeigt Schauspieler, die tanzen und musizieren (S. 48). Der Schauspieler mit der Flöte und der weißen Maske spielt eine weibliche Figur.

Komödie

Der hinterlistige Sklave war eine beliebte Figur der römischen Komödie. Wurden die Pläne dieses Sklaven durchkreuzt, dann nahm er oft Zuflucht auf dem Altar eines Tempels, wie es diese Bronzefigur eines Schauspielers darstellt.

Hinter den Kulissen

Das Mosaik zeigt eine Gruppe griechischer Schauspieler vor einer Theateraufführung. Zwei Schauspieler üben Tanzschritte, während ein anderer gerade in sein Kostüm schlüpft und ein Musiker auf einer Doppelflöte spielt. Die Masken liegen für den Auftritt bereit.

Römisches Theater

Dieses gut erhaltene Amphitheater in Hierapolis in der heutigen Türkei hatte ursprünglich über 45 Sitzreihen und bot Platz für etwa 15 000 Menschen. An der Wand hinter der Bühne waren Darstellungen römischer Götter und Kaiser aufgestellt. Die Schauspieler betraten die Bühne durch die Tore.

Straßentheater

Die Tonfigürchen zeigen Schauspieler, die einen *mimus* aufführen. Im Unterschied zu den Aufführungen im römischen Theater fand ein *mimus* meist auf einer einfachen Holzbühne auf der Straße statt. Die Mimen trugen keine Masken und Frauen spielten die weiblichen Rollen. Dabei gab es komische Figuren wie den *stupidus*, den Narren. Der *mimus* unterscheidet sich von der modernen Pantomime, denn die Schauspieler waren nicht stumm, sondern sprachen.

Figur mit Geldbeutel

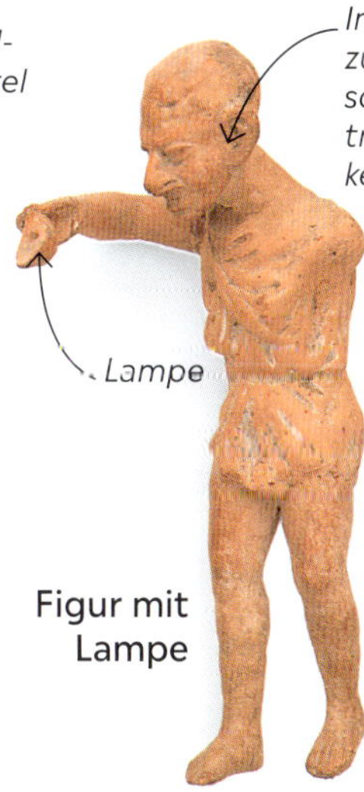

Figur mit Lampe

Figur mit Dolch

Öffentliche **Bäder**

Fundamente
Im Jahr 1989 entdeckte man in London (England) diese Fundamente eines römischen Bades. Man kann hier die hohlen Ziegelpfeiler sehen, die einst den Boden stützten.

Römische Häuser verfügten selten über ein Bad. Die meisten Römer besuchten daher öffentliche Bäder. Dies waren nicht nur Orte, um sich zu reinigen, sondern man traf sich dort, um zu spielen und Sport zu treiben. Frauen gingen extra früh am Morgen ins Bad oder besuchten Bäder für Frauen. Im Bad gab es eine Reihe von Räumen, in denen die Luft von Raum zu Raum immer heißer wurde. Die Idee war, die Haut durch Schwitzen zu reinigen. Seife hatte man nicht, stattdessen rieb man sich mit Öl ein und schabte die Haut ab. Dann tauchte man in ein kaltes Bad.

Spielstein aus Elfenbein

Metallwürfel in Form von hockenden Männern

Spielsteine aus Elfenbein (oben), Knochen (oben rechts) und Glas

Würfel aus Achat

Würfel aus Bergkristall

Die Inschrift lautet „Pech gehabt".

EINE RÖMISCHE HEIZUNG

Außerhalb der Bäder schürten Sklaven Feuer. Diese erhitzen die Luft unter den Böden und in den hohlen Tonpfeilern. Sie erwärmten außerdem das Wasser in den Wasserspeichern und heizten die Becken (rechts).

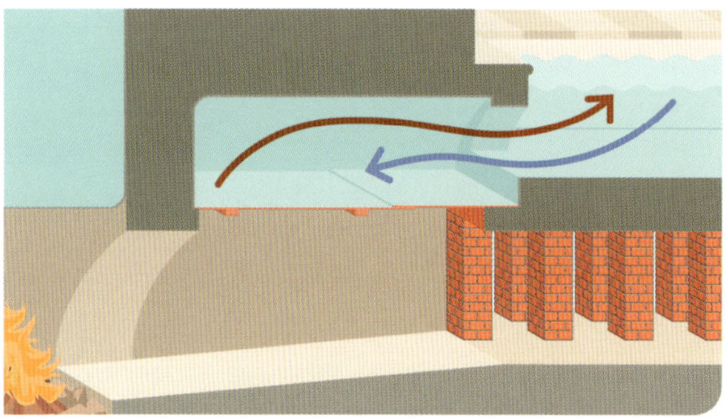

Sport und Spiel
Die Menschen kamen auch in die Bäder, um Sport zu treiben. Manche trainierten vielleicht mit Gewichten, andere spielten mit Bällen. Dazu gehörten Fangspiele mit bunten Bällen verschiedener Größe, einschließlich schwerer Medizinbälle. Weniger aktive Besucher kauften Getränke und Snacks oder vertrieben sich die Zeit mit Brett- oder Würfelspielen.

Bunte Glassteine für ein Brettspiel

Heiße Quellen
Schon die Römer nutzten die heißen Thermalquellen in der südenglischen Stadt Bath. Die Quellen waren Teil eines Badezentrums. Hierher kamen Kranke aus der ganzen römischen Provinz Britannien, um zu baden und Heilung zu finden.

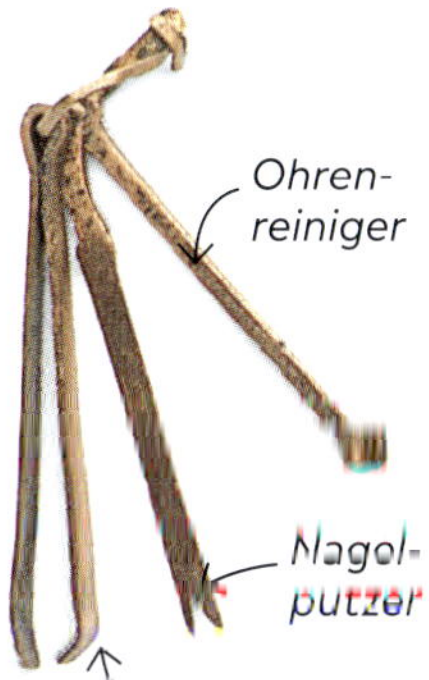

Ohrenreiniger

Nagelputzer

Pinzette

Toilettenset

Dieses Toilettenset aus Bronze ist klein und handlich. Es enthält nützliche Utensilien für die Körperpflege.

Statt Seife

Dieses Gemälde von dem Künstler Sir Lawrence Alma-Tadema stammt aus dem 19. Jahrhundert. Es zeigt römische Frauen im Bad, die ihre Haut mit Schwämmen und Schabeisen (rechts Mitte) von Öl und Schmutz reinigen.

Praktischer Griff zum Aufhängen von Reinigungsutensilien

Alles parat fürs Bad

Dieses Körperpflegeset ist ideal für einen Besuch in den Bädern. Das Ölgefäß und die Schabeisen sind an einem Tragegriff befestigt. Es sieht aus wie ein großer Schlüsselbund. Die Utensilien konnte man leicht von diesem Griff abnehmen.

Abnehmbarer Deckel des Ölbehälters

Mit dem gebogenen Teil des Schabeisens streifte man Öl und Schmutz von der Haut.

Schlitz zum Aufhängen oder zum Befestigen an einem Tragegriff (oben rechts)

Im Lauf der vielen Jahrhunderte hat sich das Metall der Schale an einigen Stellen zersetzt.

Kalte Dusche

Solche bronzenen Schalen (*paterae*) benutzte man nach dem Schwitzbad, um den Körper mit kaltem Wasser zu übergießen. Dadurch sollten sich die Hautporen wieder schließen.

Fläschchen mit Öl

Dieses kleine Gefäß für Öl stammt aus dem 2. Jahrhundert n. Chr. aus der Provinz Britannien und ist mit drei Gesichtern verziert.

RÜCKBLICK

Die Badekultur der Römer

Der römische Schriftsteller und Philosoph Seneca (4 v. Chr.– 65 n. Chr.) lebte eine Zeit lang gleich neben einem öffentlichen Bad. In seinen Schriften beschwerte sich Seneca über den Lärm der Menschen, die im Bad Gewichte stemmten, Ball spielten, sangen, lautstark planschten und Getränke und Snacks verkauften. Es ging also wohl sehr lautstark zu!

Sprache und **Schrift**

Im Römischen Reich wurden viele Sprachen gesprochen, aber im Westen war Latein die wichtigste Sprache für Handel, Verwaltung und Kommunikation. Im Osten des Reichs verwendete man Griechisch. Die Römer führten in Nordeuropa die Schrift ein. Das lateinische Alphabet hatte nur 23 Buchstaben (I und J sowie U und V wurden nicht unterschieden und W gab es nicht). Es entstanden Millionen Texte – von Briefen, die auf Wachstafeln gekritzelt wurden, bis hin zu eleganten Gedichten, die man mit Tinte auf Papyrusrollen schrieb. Bücher aus Pergament waren selten und äußerst kostbar, da sie von Hand abgeschrieben werden mussten.

Die Trajanssäule

Die Inschrift auf dem Sockel der Trajanssäule in Rom ist ein berühmtes Beispiel für die schön proportionierte römische Großbuchstabenschrift, die oft auf Wände gemalt oder in Stein gehauen wurde.

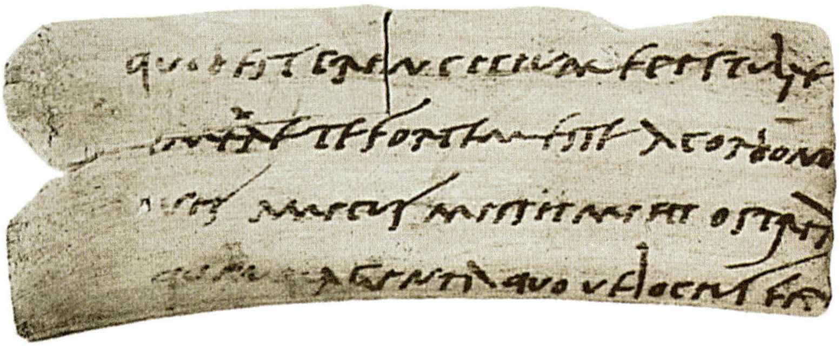

Römische Schreibschrift

Dies ist ein Teil eines Briefs, der mit Tinte auf ein Holztäfelchen geschrieben wurde. Der Brief ist an den römischen Soldaten Lucius gerichtet und berichtet davon, dass der Schreiber teure Austern geschenkt bekommen hat. Das Täfelchen wurde im Kastell von Vindolanda in der Nähe des Hadrianswalls in England entdeckt.

Schreiberin und Schreiber

Diese Wandmalerei aus Pompeji zeigt ein Paar mit Schreibmaterialien. Die Frau trägt eine aufklappbare Wachstafel und einen Griffel, der Mann eine Papyrus-Schriftrolle.

EINBLICK

Funde in den Ruinen
Der Archäologe Andy Birley leitet die Grabungen im Römerkastell Vindolanda in der Nähe des Hadrianswalls in England. Hier hat sein Team bemerkenswerte Objekte wie Schreibtafeln aus Holz entdeckt. Auf den dünnen Täfelchen aus dem späten 1. und frühen 2. Jahrhundert n. Chr. ist noch Tintenschrift erhalten.

Auch moderne Uhren haben manchmal noch römische Ziffern.

Römische Zahlen

Römische Ziffern wurden in einer Reihe hintereinander geschrieben und dann addiert. Das römische I steht für die arabische Ziffer 1, das V für 5, das X für 10, das C für 100 und so weiter. Große Zahlen waren umständlich und kompliziert darzustellen. Die Zahl 1778 in römischen Ziffern ist zum Beispiel MDCCLXXVIII.

Die Ziffer 4 schrieben die Römer als IV oder IIII.

Tintenfässer

Das bronzene Tintenfass links hat Einlagen aus Silber und einen Deckel, der das Austrocknen der Tinte verhindert. Die Tintenfässer aus Bronze (unten) sind mit Silber- und Goldeinlagen verziert, die mythologische Szenen darstellen.

Wachs statt Papier

Geschmolzenes Bienenwachs wurde in Holzrahmen gegossen. Dadurch erhielt man eine wiederverwendbare Schreibunterlage.

Tintenfass

Dieses ägyptische Gefäß aus Fayence, einem glasartigen Material, stammt aus dem 1. Jahrhundert n. Chr.

Spachtel zum Glätten des Wachses, um die Schrift zu löschen

Rohrfederhalter mit geteilter Spitze

Bronzegriffel

Griffel zum Schreiben auf Wachstäfelchen

Eisengriffel mit Bronzeüberzug

Elfenbeingriffel

Schreibzeug

Einen Rohrfederhalter benutzte man zum Schreiben mit Tinte auf Papyrus, Holz oder Pergament. Mit Griffeln schrieb man auf Wachstäfelchen.

Rußtinte

Zur Herstellung von Tinte wurde Ruß mit Wasser vermischt.

Hängendes Tintenfass

An diesem Gefäß waren früher Schnüre zum Aufhängen oder Tragen befestigt.

Papyrus

Pergament

Statt Papier

Da es kein Papier gab, wurden Dokumente auf ägyptischem Papyrus (eine Art Papier aus Schilfrohr) geschrieben. Bücher bestanden aus haltbarem Pergament, das aus hauchdünner Tierhaut hergestellt wurde.

Handwerk und **Kunstfertigkeit**

Handwerker im römischen Kaiserreich waren geschickt im Umgang mit allen möglichen Materialien – von Leder, Holz, Textilien bis hin zu Metall und Glas. Die Keramikherstellung war ein riesiger Wirtschaftszweig. Tonkrüge (S. 60) und rote samische Töpferware (S. 47) wurden in großen Werkstätten millionenfach hergestellt. Andere Handwerker arbeiteten in kleinerem Umfang in ihren Werkstätten. Viele von ihnen waren versklavte oder freigelassene Menschen. Auch Frauen arbeiteten in diesen Berufen.

EINBLICK

Sorgfältige Arbeit
Amy Drago arbeitet als Restauratorin im Britischen Museum in London. Sie reinigt, restauriert und konserviert wertvolle und zerbrechliche antike Objekte, wie sie auch auf diesen Seiten im Buch zu sehen sind. Hier restauriert Amy eine Marmorstatue des Gottes Bacchus.

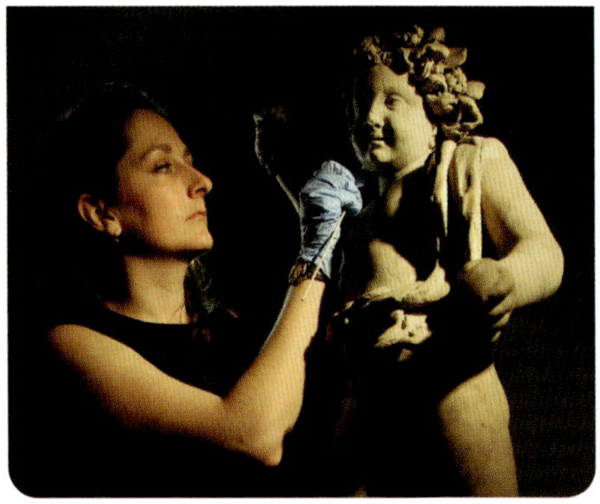

Blaue gerippte Schale
Diese Schale aus kostbarem blauen Glas wurde vermutlich mit einer älteren Technik hergestellt, bei der das stark erhitzte, flüssige Glas in eine Form gepresst wird.

Glasschale

Deckel

Farbiges Glas
Einige Gefäße, wie dieses feine Gefäß mit Deckel, enthielten Bänder aus farbigem Glas und sogar Gold als Verzierung. Das Gefäß wurde wahrscheinlich zur Aufbewahrung teurer Kosmetik verwendet (S. 18).

Durch das Glas verlaufen Bänder aus Gold.

Parfümflakon mit Gesicht
Diese in Massenproduktion hergestellte Flasche entstand durch das Einblasen einer Glasblase in eine Form.

Gegossener Glasbecher
Die Form für diesen Glasbecher hat auf der Innenseite ein tropfenförmiges Muster.

Portland-Vase
Die Portland-Vase ist eines der wertvollsten Objekte, das aus der Römerzeit erhalten ist. Das blaue Glas wurde mit einer dünnen Schicht aus weißem Glas überzogen. Anschließend schnitzte der Künstler die weiße Schicht weg, bis nur die eleganten Figuren und das Blattwerk auf dem blauen Hintergrund stehen blieben.

Glasherstellung

Glas stellte man schon viele Jahrhunderte lang her, aber erst im letzten Jahrhundert v. Chr. wurde das Verfahren des Glasblasens entwickelt. Schon bald blies man Glas in Formen. Dies machte die Massenproduktion von Flaschen und verzierten Fläschchen möglich. Glas war nun kein Luxusgut mehr, sondern ein weitverbreitetes Material.

Metallarbeiten

Gold, Silber, Kupfer, Eisen, Blei und andere Metalle waren verbreitet. Da die Schmiede noch keine Öfen hatten, die heiß genug waren, um Eisen zu schmelzen, hämmerte man es in Form, solange es heiß war. Um Bronze herzustellen, verschmolz man Kupfer und Zinn, und um goldfarbenes Messing zu gewinnen, Kupfer und Zink.

Knochenschnitzerei

Aus Knochen wurden viele Alltagsgegenstände wie Messergriffe, Haarnadeln oder Kämme hergestellt. Frische Tierknochen waren weich und konnten fein bearbeitet werden. Sie wurden für Einlegearbeiten (Intarsien) in Holzkisten verwendet oder für Spielfiguren und Würfel (S. 38).

Silberspiegel
Spiegelglas war noch nicht erfunden worden. Man benutzte stattdessen poliertes Metall.

Umriss einer Figur, die ursprünglich auch mit Goldfolie eingelegt war

Bronzeplakette
In die kleine Platte aus Bronze ist eine zarte Goldfolie eingelassen.

Werkzeug eines Goldschmieds
Diese eiserne Zange diente zum Erhitzen kleiner Metallgegenstände in einem Ofen.

Die Eisenfeile hatte früher einen Holzgriff.

Knochengriff
Die Messer hatten oft einen geschnitzten Griff und eine Schlaufe zum Aufhängen.

Schlaufe zum Aufhängen des Messers

Haarnadeln
Große Nadeln und Stifte wurden meist aus Knochen hergestellt. Man benutzte sie für die aufwendigen Frisuren, die die römischen Frauen trugen (S. 19).

Kamm aus Knochen
Die Zinken des Kamms wurden mit einer sehr feinen Säge geschnitten.

Der Schatz eines Goldschmieds
Diese Silberobjekte gehörten zu einem Schatz aus Schmuck, Münzen und Silberschrott, der in Snettisham (England) im 2. Jahrhundert n. Chr. vergraben worden war.

Ringe
Der Schatz enthielt auch 89 Ringe, einige davon mit Edelsteinen.

Silberanhänger

Dieser geformte Stein, der bei dem Schatz gefunden wurde, wurde zum Polieren von Metall verwendet.

Die Bruchstücke von altem Schmuck chmolz man ein und stellte daraus neuen Schmuck her.

Silberbarren

Römische **Küche**

Die römische Küche erscheint uns heute ein wenig exotisch. Ein römisches Rezept verlangt zum Beispiel das Backen von Haselmäusen in Honig. Viele der heutigen Grundnahrungsmittel – Kartoffeln, Tomaten oder Nudeln – waren damals unbekannt. Die meisten Menschen ernährten sich von Brot, Bohnen, Linsen und aßen nur selten Fleisch. Die Wohlhabenden hatten ausgebildete Köche, die komplizierte Gerichte mit Kräutern und Soßen zubereiteten. Das Aussehen der Speisen war fast so wichtig wie der Geschmack.

Mäuse raubten so manche römische Küche aus.

Reibe

Diese modern aussehende Bronzereibe wurde wahrscheinlich für die Zubereitung von geriebenem Käse verwendet.

Küchenmesser

Zum Zerlegen von Fleisch benutzte man scharfe Messer.

Frisch vom Mark

Dieses Mosaik aus Rom zeigt Fisch, Geflügel und Gemüse. Frischer Fisch war allerdings für die meisten einfachen Römer zu teuer.

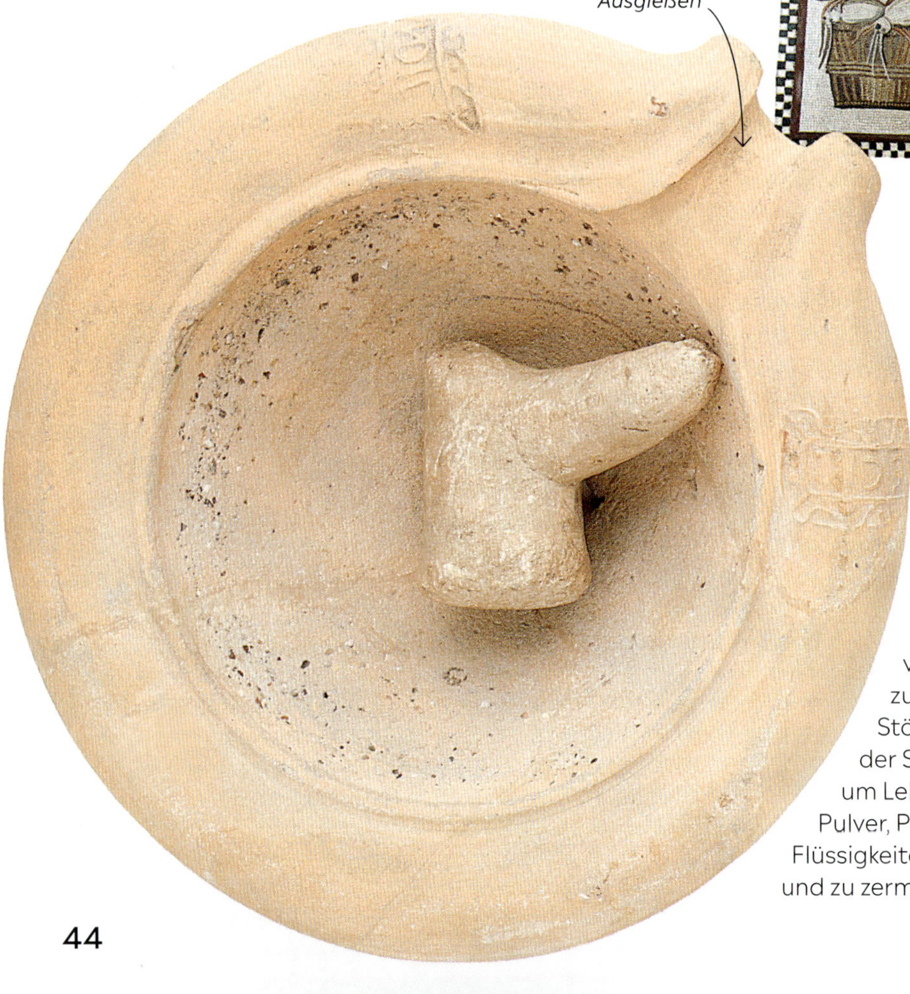

Tülle zum Ausgießen

Mörser und Stößel

Ein Mörser (*mortarium*) besteht aus einer Keramik- oder Steinschale. Man verwendet ihn zusammen mit einem Stößel (im Inneren der Schale zu sehen), um Lebensmittel zu Pulver, Pasten oder Flüssigkeiten zu zerreiben und zu zermahlen.

Zum Recyceln

In Glasflaschen wurden wertvoll Flüssigkeiten verkauft. Waren di Flaschen leer, benutzte man sie z Aufbewahrung von Lebensmitte

Kochlöffel

Hölzerne Löffel, wie dieser aus Ägypten, waren in fast jeder römischen Küche in Gebrauch.

Topf aus Bronze

Viele Küchenutensilien waren aus Bronze. Doch Bronze enthält Kupfer, das manche Lebensmittel bitter macht. Die Pfanne auf der linken Seite ist mit Silber und Zinn beschichtet, um dies zu verhindern.

Das Sieb wurde an der Küchenwand aufgehängt.

Herd undBackofen

Diese Nachbildung einer Küche aus Pompeji zeigt einen Herdofen mit Töpfen aus Bronze (S. 57). Der Ofen wurde mit Holz oder Holzkohle befeuert.

Bronzesieb

Zum Kochen benutzte man Siebe wie dieses, um gekochte Speisen abtropfen zu lassen und um Säfte oder Soßen abzuseihen.

Backform?

Dieses seltsame Utensil könnte zum Backen von Küchlein oder Eiern verwendet worden sein.

Sellerie war ein beliebtes Gemüse in Rom.

Zum Würzen verwendete man eine Vielzahl an Kräutern, die im warmen Klima leicht zu ziehen waren.

Fischsoße

Eine beliebte Zutat in der römischen Küche war *garum*, eine sehr intensive Würzsoße aus Fisch, Salz und anderen Zutaten. *Garum* wurde, wie Olivenöl und Wein, in Amphoren gehandelt (S. 60).

Fisch aus der Mittelmeerregion (links) wurde für die Herstellung von Fischsoße (*garum*) verwendet.

Das **Festmahl**

Nach einem Arbeitstag, der im Morgengrauen begann, und einem Besuch im öffentlichen Bad (S. 38) ging der wohlhabende Römer nach Hause, um zu essen. Die Hauptmahlzeit des Tages (*cena*) konnte gegen zwei oder drei Uhr nachmittags beginnen und den ganzen Abend dauern. Es war eher ein gesellschaftliches Ereignis als eine Mahlzeit. Zwischen den Gängen wurden die Gäste oft mit Tanz und Musik unterhalten. Gegessen wurde im Liegen auf großen Sofas, die bis zu drei Personen Platz boten und um drei Seiten eines niedrigen Tisches angeordnet waren. Die Haussklaven bedienten die Familie und ihre Gäste.

Weißes Wirbelmuster im Glas

Glasschale

Wohlhabende benutzten gern feines Glasgeschirr. Es war auch deshalb beliebt, weil es sich leichter reinigen ließ als Keramik.

Das Wandgemälde zeigt ein römisches Fest. Einer der Gäste ist so betrunken, dass er nicht mehr stehen kann.

Beim Festmahl

Wie ein Fest bei einem wohlhabenden Römer ausgesehen haben könnte, stellt dieses Gemälde von Edward Armitage aus dem 19. Jahrhundert dar.

Wein verdünnte man meist mit Wasser. Er hatte daher eher eine helle Farbe.

Römischer Wein

Es gab viele Sorten römischen Weins, sowohl trocken als auch süß. Die Römer tranken den Wein mit Wasser gemischt und gaben ihm oft Geschmacksstoffe wie Honig hinzu.

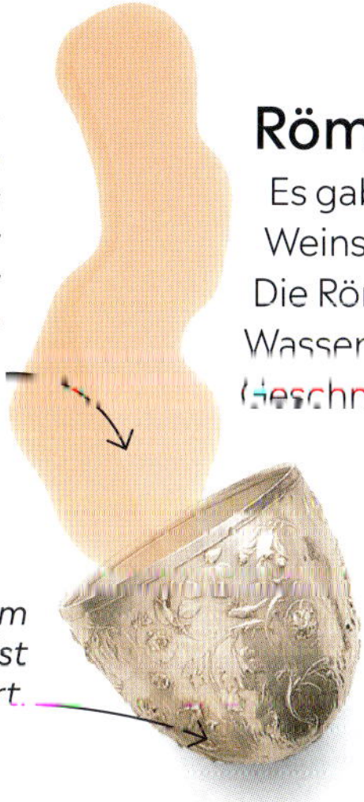

Der Becher zum Weintrinken ist kunstvoll verziert.

Servierplatte mit Weintrauben

Die Römer aßen als Nachtisch gern Obst, wie zum Beispiel Feigen.

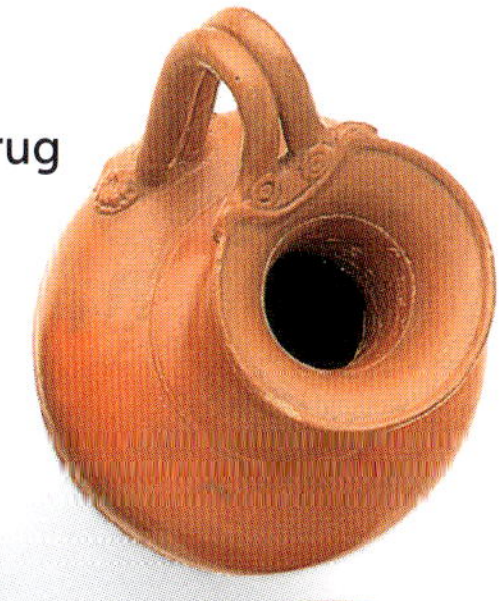

Weinkrug

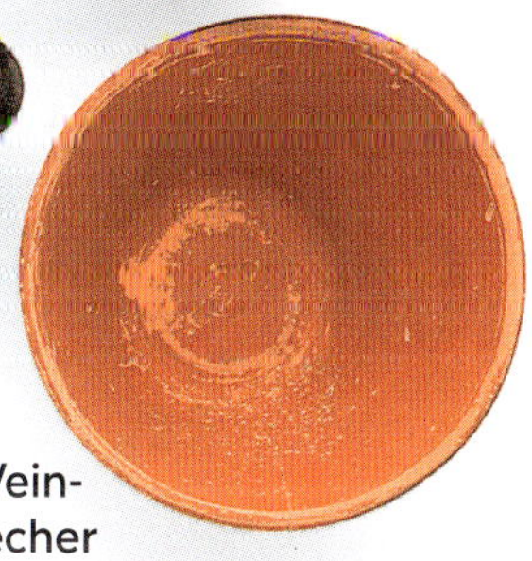

Weinbecher

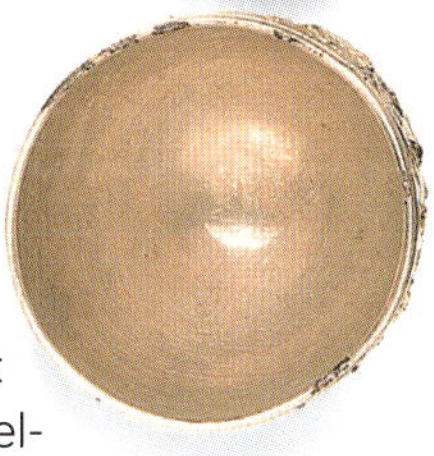

Becher

Diese Silberbecher, die mit Pflanzen-, Vogel- und Insektenmotiven geschmückt sind, hatten ursprünglich Stiele und Füße.

Bronzekrug

Krüge zum Servieren von Wein und Wasser wurden aus Keramik, Glas, Bronze oder Silber hergestellt.

Glänzend rote Töpferware

Geschirr von der griechischen Insel Samos war im 1. und 2. Jahrhundert n. Chr. bei den Römern groß in Mode. Millionen Gefäße, Platten, Schalen und Becher aus rotem Ton (oben rechts) wurden in Töpferwerkstätten in Italien und Gallien hergestellt und in das ganze Römische Reich geliefert. Das Geschirr war elegant, ließ sich leicht abspülen und gut stapeln. Bei Ausgrabungen in Pompeji fand man eine Kiste dieser samischen Tonware. Sie war gerade aus der Provinz Gallien eingetroffen und noch nicht ausgepackt worden.

Modernes Geschirr

Die Römer haben Oliven wahrscheinlich wie heute als Vorspeise gegessen.

Spargelspitzen

Hübsch angerichtet

Dieses Gericht wurde nach einem römischen Originalrezept nachgekocht. Es besteht aus kleinen Vögeln (in diesem Fall Wachteln), die mit einer Spargelsoße und Wachteleiern serviert werden. Die gebratenen Vögel waren wahrscheinlich dekorativ auf einem Teller wie diesem angerichtet, um die Gäste zu beeindrucken.

Musik und **Tanz**

Musik, Gesang und Tanz waren in der ganzen römischen Welt sehr beliebt. Musik wurde im Theater und bei Festen gespielt. Auch religiöse Zeremonien und öffentliche Veranstaltungen wie Gladiatorenspiele wurden von Musik untermalt. Viele römische Instrumente hatte man von der griechischen Kultur übernommen. Am weitesten verbreitet waren Blasinstrumente wie Rohrflöten und Bronzeröhren. Diese Röhren erzeugten laute Töne, die bei Veranstaltungen im Freien nicht zu überhören waren. Das komplizierteste Instrument war die Wasserorgel, die ein Grieche im 3. Jahrhundert v. Chr. erfunden hatte.

Panflöte

Die kleine Statue zeigt den Gott Pan (S. 51) mit einer Panflöte. Das Instrument besteht aus einer Reihe von Rohrpfeifen unterschiedlicher Länge.

Kastagnetten

Dieses Mosaik zeigt eine Frau mit Kastagnetten, die zur Musik einer Doppelflöte tanzt. Gruppen von Künstlern und Künstlerinnen wie diese spielten auf den Straßen oder traten bei Festmahlen auf (S. 46).

Doppelflöte

Diese Bronzefigur zeigt einen Satyr (Waldgott), der in eine Doppelflöte bläst. Es gibt kein modernes Instrument wie dieses. Es muss recht schwierig gewesen sein, die Doppelflöte schön zu spielen, denn beide Flöten mussten gleichzeitig geblasen werden.

Das Relief aus dem 1. Jahrhundert n. Chr. zeigt tanzende Menschen.

Rauschhafter Tanz

Musik und Tanz waren in einigen Religionen wichtige Bestandteile des Gottesdienstes. Die Tanzenden auf dem Relief oben sind wahrscheinlich Anhänger der Göttin Isis (S. 50). Sie versetzten sich durch Tanzen in einen Zustand rauschhafter Freude.

Nagetier-Sound

Diese komische Bronzefigur zeigt eine Ratte oder Maus, die in ein Horn bläst.

EINBLICK

Die Geschichte nachstellen
Der Nachbau von historischen Gegenständen verrät uns heute viel über die Geschichte. Mike Garlick ist Mitglied einer Gruppe, die das römische Militär nachstellt. Hier sieht man ihn mit einem Cornu, einem langen, spiralförmigen Horn aus Bronzeröhren, das er 1986 nach römischem Vorbild angefertigt hat.

Wasserorgel

Das Mosaik zeigt eine römische Wasserorgel. Sie ist ein direkter Vorläufer unserer modernen Kirchenorgel. Beim Betätigen der Tastatur wurde mithilfe der Wasserkraft Luft durch Pfeifen gepresst und Töne erzeugt.

Musikalischer Gott

Das Wandgemälde zeigt Apoll mit einer Leier, einem Saiteninstrument. Der Sonnengott war auch Schutzherr der Musik und Dichtkunst.

Das Cornu ertönte oft im Militär als Signalhorn oder man spielte es bei Zeremonien.

Bronzeflöte

Diese römische Flöte spielte man wie eine moderne Flöte. Das Originalinstrument wurde aus beschädigten Teilen zusammengesetzt. Leider kann man heute nicht mehr auf der Flöte spielen.

Schlagzeug

Diese Bronzezimbeln wurden in Italien im antiken Praeneste (heute Palestrina) gefunden. Andere römische Schlaginstrumente waren das *sistrum* (eine Rassel aus Metall für religiöse Feste) und tamburinartige Trommeln.

Römische Gottheiten

Die Römer verehrten Hunderte von Göttern und Göttinnen. Den wichtigsten Göttern wie Jupiter, dem Beschützer des Reichs, sollten alle Römer Opfer darbringen. Auch manche Kaiser wurden nach ihrem Tod wie Gottheiten verehrt. Über jeden Bereich des Lebens wachten eigene Götter. Es gab Hausgötter (S. 23), einen Kriegsgott und einen Gott der Heilung. Einige Römer beteten zu Mithras oder Isis, die Hoffnung auf ein Leben nach dem Tod gaben.

Blitz und Donner

Das Oberhaupt der römischen Gottheiten war der Himmelsgott Jupiter. Seine Symbole waren Adler und Blitz. Sein Tempel stand auf dem Kapitolshügel in Rom.

Ein Pfau sitzt neben Juno.

Juno

Jupiters Ehefrau Juno war die Schutzgöttin aller Frauen. Der Pfau war ihr heiliges Tier.

Ägyptische Gottheiten

Manche Römer verehrten andere als die römischen Götter, wie die ägyptische Göttin Isis (links) und den Gott Serapis (oben). In deren Religion ging es um den Kreislauf von Leben, Tod und Wiedergeburt.

Weisheit und Krieg

Minerva, die römische Göttin des Handwerks und der Weisheit, wurde schließlich auch eine Kriegsgöttin. Sie ist hier mit einem Helm und einer Rüstung dargestellt.

Tempel für den Kaiser

Zahlreiche römische Kaiser wurden nach ihrem Tod zu Göttern erklärt. Ihnen zu Ehren erbaute man Tempel. Diesen gut erhaltenen Tempel in der französischen Stadt Vienne errichtete man zu Ehren von Kaiser Augustus und seiner Frau Livia (S. 9). Auf einem Altar vor dem Gebäude brachte man Opfergaben dar (S. 52).

Mars und Venus

An den Kriegsgott Mars, erinnert der Name des Monats März. Gallier und Briten passten viele ihrer eigenen Götter an römische Gottheiten an. Diese Silberplakette aus der Provinz Britannien ist zum Beispiel dem römisch-britischen Gott Mars Alator gewidmet. Venus, die römische Göttin der Liebe, galt als göttliche Vorfahrin von Julius Caesar.

Die Inschrift besagt, dass die Tafel einem Gott gestiftet wurde, der im Gegenzug helfen sollte.

Östliche Religion

Die Marmorstatue zeigt den persischen Gott Mithras, der einen heiligen Stier tötet. Das Blut des geopferten Stiers sollte die Welt retten.

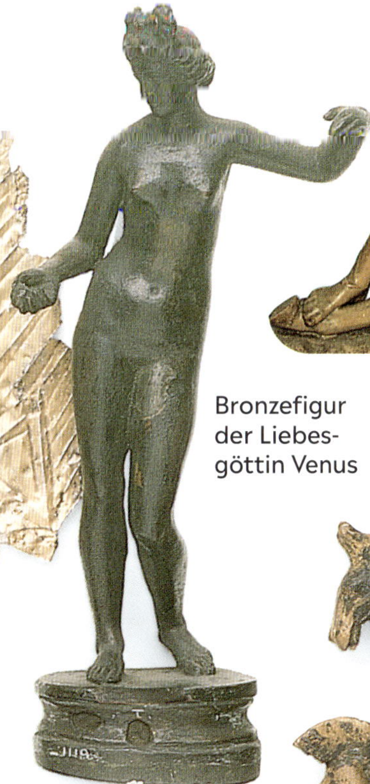

Bronzefigur der Liebesgöttin Venus

Gott des Rausches

Bacchus war der römische Name für den griechischen Gott Dionysos, den Gott des Weines.

Bacchus hält eine Traube als Symbol für den Wein.

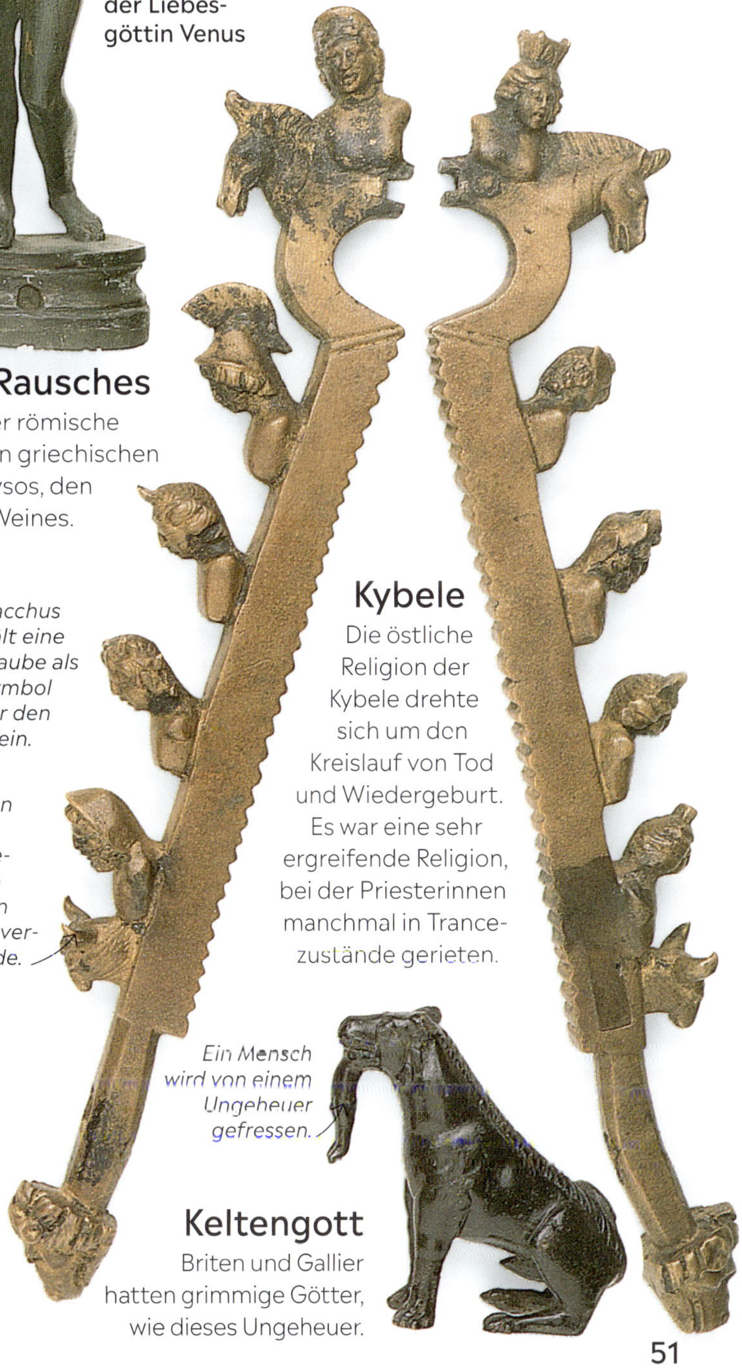

Götterbüsten schmücken diese Bronzeklammer, die bei religiösen Zeremonien verwendet wurde.

Kybele

Die östliche Religion der Kybele drehte sich um den Kreislauf von Tod und Wiedergeburt. Es war eine sehr ergreifende Religion, bei der Priesterinnen manchmal in Trancezustände gerieten.

Gott der Hirten

Pan – halb Mensch, halb Ziegenbock – war einer von vielen griechischen Göttern, die die Römer übernommen haben. Der Gott der Hirten und Berge konnte Tierherden in „panischen" Schrecken versetzen.

Ein Mensch wird von einem Ungeheuer gefressen.

Keltengott

Briten und Gallier hatten grimmige Götter, wie dieses Ungeheuer.

Priester und Opfergaben

Die Römer fürchteten die Götter. Sie beteten sie an und brachten in den Tempeln Opfer dar, um die Gunst der Götter zu erbitten oder um ihnen zu danken. Opfergaben konnten Münzen, Anstecknadeln oder Figuren aus Silber sein. Die Menschen opferten auch Speisen und Getränke und verbrannten Weihrauch auf Altären. Tieropfer waren üblich und reichten von einem Vogel bis zu einer ganzen Rinderherde. Es gab nur wenige hauptberufliche Priester oder Priesterinnen – mit Ausnahme der Vestalinnen. Sie hüteten die heilige Flamme der Göttin Vesta in Rom.

Priesterin

Eine Priesterin gießt ein Trankopfer aus Milch, Öl oder Wein auf den Altar einer Gottheit. Die Kulte der Vesta, Isis und Kybele waren besonders mit Frauen verbunden.

Opferkrug

In Gefäßen wie diesem Bronzekrug (rechts) wurden Flüssigkeiten für Opfer aufbewahrt.

Opfermesser

Tiere wurden auf unterschiedliche Weise geopfert. Große Tiere wie Rinder tötete man mit einem Schlachtbeil und öffnete sie mit einem Opfermesser.

Trankopferschale

Solche Schalen verwendete man, um Flüssigkeiten in das Feuer auf dem Altar zu gießen. Der Rauch, der dann in den Himmel aufstieg, sollte den Gott, dem man opferte, erfreuen.

Fluchtäfelchen

Manche Menschen belegten ihre Feinde mit einem Fluch, um sich zu rächen. Dieses Bleitäfelchen tammt aus dem Tempel von Uley n England. Ein Mann bittet in der nschrift den Gott Merkur darum, Diebe, die sein Tier gestohlen haben, krank zu machen, bis sie das Diebesgut zurückgeben.

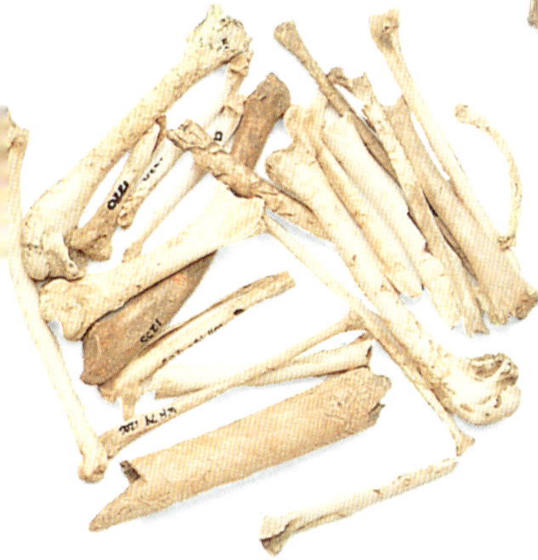

Knochenfunde

Bestimmte Tiere galten als Opfertiere für bestimmte Gottheiten. Die „heiligen Tiere" des Merkur waren Hahn und Widder. In Uley (England) fand man Tierknochen, die nahelegen, dass man Merkur auch Hühner und Schafe opferte.

Der Götterbote

Diese kleine Bronzestatue von Merkur, dem Götterboten, fand man als Opfergabe im Merkurtempel in Uley (England).

RÜCKBLICK

Die Oberpriesterin

Flavia Publicia diente 200 n. Chr. als Priesterin der Göttin Vesta und wurde schließlich die oberste Vestalin. Dies war eine äußerst wichtige Rolle, denn die Vestalinnen hüteten in Rom das heilige Feuer. Wenn es erlosch, würde Rom aufhören zu existieren, glaubten die Römer. Diese Statue wurde in Rom zum Gedenken an Flavia aufgestellt.

Bei einer Opferung

Auf diesem Relief aus Italien ist ein Silene (griechischer Waldgeist) dargestellt, der an einem Altar ein Opfer darbringt. Silenen waren die Begleiter des Gottes Bacchus (S. 51).

Opfergang

Ein Schwein wird zum Opferaltar geführt. Seine inneren Organe wurden als Opfergabe für die Götter verbrannt, das gute Fleisch wurde gekocht und gegessen.

Opferaltar

Römische Altäre standen in der Regel im Freien vor der Fassade eines Tempels.

Tierleber

Diese Marmorhand hält die Leber eines geopferten Tiers. Ein besonderer Priester las aus der Form der Tierleber den Willen des Gottes ab. War das Organ nicht ganz gesund, dann bedeutete dies schlechte Nachrichten.

Krankheiten **heilen**

In der römischen Zeit war wenig bekannt über die Ursachen von Krankheiten. Viele Menschen glaubten, dass sie durch die Götter, durch böse Geister oder durch Flüche verursacht werden (S. 53). Um Krankheiten abzuwehren, trugen manche Menschen magische Amulette bei sich, andere besuchten Heiligtümer und brachten den Gottheiten Opfer dar. Kranke besuchten Heilbäder wie Bath in England (S. 38). Römische Ärzte verabreichten einige wirksame Heilmittel, aber da es keine Narkose gab, waren Operationen qualvoll und riskant.

Bein aus Bronze
Dieses kleine Bein stiftete ein gewisser Caledus einem Gott.

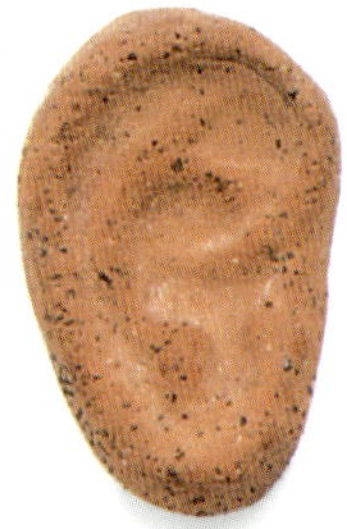

Ohr aus Ton
Wenn Menschen einen Gott um Heilung baten, ließen sie oft ein Modell des verletzten oder erkrankten Körperteils (hier ein Ohr) im Tempel zurück.

Siegelringe
Die Ringe oben zeigen Asklepios (den Gott der Heilung) und Hygeia, die die Gesundheit symbolisierte. Die Ringe wurden wahrscheinlich getragen, um Krankheiten abzuwehren.

Arzt und Kind
Dieser Grabstein stellt einen griechischen Arzt dar, der ein Kind untersucht. Auf dem Boden steht ein übergroßes Gefäß für den Aderlass, bei dem man „schlechtes" Blut aus dem Körper eines Kranken saugte, um ihn zu heilen.

Alant sollte bei Problemen mit der Verdauung helfen.

Bockshornkleesamen wurden bei Lungenentzündung eingesetzt.

Heilende Kräuter
Viele Pflanzen waren für ihre Heilwirkung bekannt.

Fenchel wurde oft wegen seiner beruhigenden Eigenschaften verabreicht.

Salbei, ein wirkungsvolles Kraut, war den Römern heilig.

Rosmarin kam als Heilmittel oft zu Einsatz.

Der römische Schriftsteller Plinius kannte allein rund 40 Heilmittel mit Senfsamen.

Römische Soldaten erhielten täglich eine Ration Knoblauch für die Gesundheit.

WEITBLICK

Die Heilkunst des Galen

Der griechische Arzt Galen (129–216 n. Chr.) erlernte durch die Behandlung verletzter Gladiatoren in Pergamon (in der heutigen Türkei) die Anatomie. Galen betrachtete den Körper als Gefäß für die Seele und glaubte, dass man gut beobachten und abwägen muss, um eine Diagnose zu stellen. Galen wurde später Arzt für die römischen Kaiser.

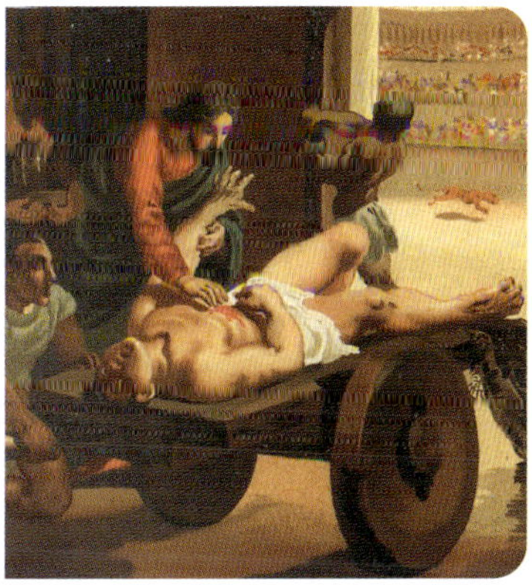

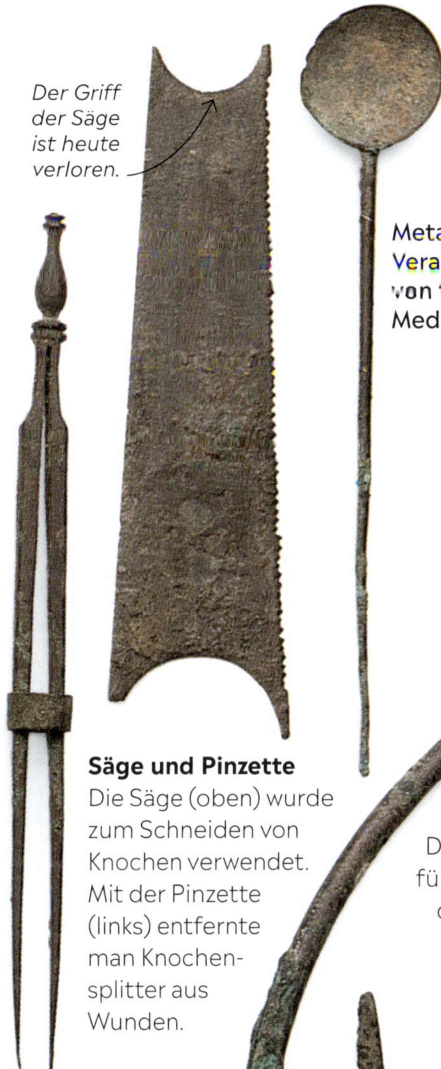

Der Griff der Säge ist heute verloren.

Metalllöffel zur Verabreichung von flüssigen Medikamenten

Säge und Pinzette

Die Säge (oben) wurde zum Schneiden von Knochen verwendet. Mit der Pinzette (links) entfernte man Knochensplitter aus Wunden.

Spatel zum Mischen und Auftragen von Salben

Haken und Häckchen

Mit solchen Haken schob man bei Operationen Blutgefäße, Sehnen und Organe beiseite.

Dekorativer Griff

Sonde

Vor Operationen wurden Sonden (links) verwendet, um eine Wunde genauer zu untersuchen.

Klapp-messer

Skalpell

Instrumente der Ärzte

Hier ist eine Auswahl an Instrumenten zu sehen, die römische Ärzte benutzt haben. Die meisten waren aus Bronze gefertigt.

Ende des Bronzekatheters

Katheter

Feine gebogene Bronzeröhrchen wie dieses wurden zur Entleerung der Blase verwendet.

Spekulum

Dieses Gerät wurde für Untersuchungen des Körperinneren verwendet.

Griff des Spekulums

Scharnier

Drückt man die Griffe zusammen, spreizen sich die beiden Enden.

Totenbestattung

Erinnerung an Avita

Der Grabstein oben ist der des zehnjährigen Mädchens Avita. Auf dem Stein ist Avita so dargestellt, wie sich ihre Eltern an sie erinnern wollten, mit einem Buch und ihrem Hund.

Die Lebenserwartung der meisten Menschen in römischer Zeit war im Vergleich zu heute eher kurz. Dies lag an der schlechten Ernährung, der mangelhaften medizinischen Versorgung und den harten Lebensbedingungen. Kinder waren besonders gefährdet: Jedes dritte Kind starb vor dem Erwachsenenalter. Wahrscheinlich erreichte weniger als die Hälfte der Bevölkerung ein Alter von 50 Jahren, obwohl einige wenige über 80 Jahre alt wurden. Mit der Zeit änderten sich die Bestattungsbräuche. Statt die Leichen zu verbrennen (einzuäschern), bestattete man sie öfter in der Erde.

Marmorurne

Nach der Einäscherung des Leichnams wurde seine Asche in eine Urne gefüllt und im Familiengrab beigesetzt. Die Inschrift auf der kunstvollen Urne (links) verrät, dass sie Bovia Procula gehörte, einer „höchst unglücklichen Mutter‘. Vielleicht starb sie bei der Geburt eines Kindes?

Unter glühender Asche

Im Jahr 79 n. Chr. brach der Vesuv bei der süditalienischen Stadt Neapel aus. Der Vulkan begrub die umliegenden Gebiete mit einer meterhohen Asche- und Gesteinsschicht unter sich. Die Stadt Pompeji wurde vollkommen verschüttet. Das Leben in Pompeji endete so plötzlich, dass die archäologischen Ausgrabungen in Pompeji uns viel über den Alltag der Menschen dort mitteilen. In der verhärteten Ascheschicht fand man hohle „Abdrücke" der Körper der Menschen, die damals ums Leben kamen. Obwohl das Fleisch der Körper längst verschwunden ist, blieb ihre Form erhalten.

Ein Opfer des Vulkanausbruchs Dies ist der Gipsabdruck der in Pompeji gefundenen „Form" des Körpers eines Mannes. Die Form seiner Bekleidung und seiner Schuhe ist noch zu erkennen. Viele der Opfer versuchten verzweifelt, sich vor der Asche und den giftigen Gasen zu schützen.

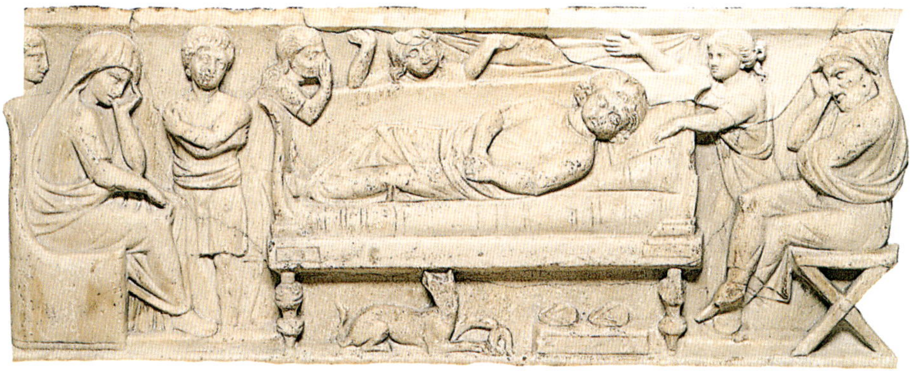

Der Totenfluss Styx

Das Marmorrelief zeigt ein sterbendes Kind, das von seinen trauernden Verwandten umgeben ist. Die Römer glaubten, dass die Toten mit einer Fähre über den Styx in den Hades (die Unterwelt) übergesetzt werden. Daher legte man den Toten oft eine Münze in den Mund, um den Fährmann zu bezahlen. Bei einer Totenfeier zog man in einer Prozession zum Friedhof oder zum Ort der Einäscherung.

Glasurne

Die Asche der Verstorbenen wurde in Gefäßen aus Stein, Ton oder aus Glas (links) beigesetzt.

Reste von verbrannten Knochen aus einer Urne

Straße der Gräber

Römische Friedhöfe, wie dieser in Pompeji, befanden sich außerhalb der Stadttore. Die begehrtesten Grabstellen lagen direkt an der Straße, sodass alle Vorübergehenden das Grab sehen konnten. Das Gedenken an die Toten, insbesondere die Vorfahren, war den Römern sehr wichtig.

Das **Landleben**

Ein Großteil der Menschen im Römischen Reich lebte auf dem Land, züchtete Vieh und baute Getreide an. Die Landwirtschaft war für Männer, Frauen und Kinder, von denen viele auf den Ländereien der Großgrundbesitzer versklavt waren, ein hartes, arbeitsames Leben. Um der Hitze in der Stadt zu entkommen, zogen sich die wohlhabenden Römer im Sommer auf ihre Landgüter zurück, wo sie schöne Häuser (Villen) besaßen.

Beim Pflügen

Die kleine Bronzefigur oben zeigt einen Bauern mit seinem Gespann bei der Feldarbeit.

Nervenkitzel

Für Jäger war die Wildschweinjagd wegen der Kraft, Schnelligkeit und den messerscharfen Hauern der Tiere eine gefährliche Angelegenheit.

Beim Jagen

Dieses Mosaik aus Sizilien veranschaulicht die Gefahren der Wildschweinjagd. Die Jäger sind mit Speeren bewaffnet und haben Hunde dabei.

Sichel

Metallschneiden wie diese benutzte man zum Schneiden von Getreide.

Bronzestier

Die römischen Bauern hielten Vieh, um Fleisch, Milchprodukte und Leder zu gewinnen. Stiere, wie dieses prachtvolle Tier, wurden für die Zucht eingesetzt.

Emmer

Die römischen Landwirte bauten verschiedene Sorten von Getreide an, darunter auch Emmer, eine Art Urweizen. Links sind reife Ähren und Emmerkörner abgebildet.

Malerei im Gartenzimmer der Villa der Livia

Römische Villa

Dies ist ein Ausschnitt einer gut erhaltenen Wandmalerei aus der Villa der Livia (S. 9). Viele wohlhabende Römer besaßen elegante Landhäuser mit schattigen Gärten und Teichen.

Die Wolle scheren

Scheren aus Eisen wie diese wurden zum Scheren von Schafen verwendet.

Ein Lamm lugt aus der Umhängetasche des Hirten.

Hirtenbub

Diese schöne Silberfigur eines jungen Hirten stellt das römische Landleben schöner dar, als es in Wirklichkeit war.

Oliven, Wein, Bier

Weintrauben und Oliven baute man in den sonnigen Mittelmeerländern wie Italien an. Olivenöl zum Kochen und zur Körperpflege (S. 38) transportierte man in das ganze Römische Reich. Aus Weintrauben wurde Wein hergestellt. Mit Wasser gemischt, war Wein das beliebteste Getränk im Mittelmeerraum (S. 46). In den nördlichen römischen Provinzen, wie Britannien und Germanien, wurde mehr Bier getrunken.

Glasgefäß in Weintraubenform

EINBLICK

Geheimnisse in Stein

Vieles von dem, was wir heute über das Leben in römischer Zeit wissen, stammt aus Inschriften. Dr. Muna Abdelhamed hat sich auf das Studium von Steininschriften spezialisiert. Sie ist Expertin für die Erforschung des griechisch-römischen Erbes in Libyen. Hier steht sie neben ihrer Präsentation der Inschriften, die sie über die Pferdehaltung in der römischen Antike gefunden hat.

Handel und Verkehr

Im 1. und 2. Jahrhundert n. Chr. herrschte eine lange Friedenszeit, die als Pax Romana (Römischer Friede) bekannt wurde. Während dieser Zeit blieben die meisten Menschen zwar arm, aber die Städte wurden sehr reich. Die Armee baute ein ausgedehntes Straßennetz, das den Handel in alle Provinzen des Römischen Reichs förderte. Handelsschiffe brachten Weizen aus Ägypten nach Rom und Wein und Olivenöl aus Nordafrika. Römische Soldaten, Beamte, Handwerker und Händler reisten durch das ganze Reich und lernten neue Bräuche und Ideen kennen. Während dieser Zeit verbreitete sich das Christentum vom Osten über die Straßen und Seewege bis in die Städte des Westens.

Lastesel aus Bronze
Tiere wie Esel wurden für den Transport von Waren eingesetzt. Sie zogen Karren und Wagen oder trugen Lasten auf ihrem Rücken.

Amphoren
Diese speziell geformten Tongefäße dienten zur Aufbewahrung von italienischem Wein, der auch in andere Länder verkauft wurde. Die Form der Amphoren erlaubte es, sie in den Laderäumen von Handelsschiffen dicht an dicht zu platzieren.

Geld im Umlauf
Der Kaiser ließ Münzen zur Bezahlung der Soldaten und zur Erhebung von Steuern prägen. Fast überall im Römischen Reich benutzte man diese Münzen. Das vereinfachte den Warenhandel.

Handelsschiff
Dieses Marmorrelief aus dem römischen Karthago im heutigen Tunesien zeigt ein zweimastiges Handelsschiff mit Steuermann. Im Sommer segelten die mit Waren beladenen Schiffe bis nach Britannien und Indien. Im Winter waren die Meere gefährlich und viele Schiffe fuhren in den kalten Monaten nicht.

EINBLICK

Römische Schiffswracks erforschen
Dr. Stella Demesticha arbeitet als Unterwasserarchäologin und ist Expertin für griechisch-römische Handelsschiffe und ihre Ladungen (insbesondere Wein- und Ölkrüge). Viele Schiffswracks liegen im östlichen Mittelmeer, dem reichsten Teil des Römischen Reichs. Im Jahr 2022 untersuchte Stella in einem römischen Hafen bei Akrotiri auf der Insel Zypern ein Wrack mit ägyptischen Granitsäulen.

Bronzegewichte

Römische Händler benutzten unterschiedliche Waagen: einfache Bronzewaagen mit Waagschalen wie diese und Schnellwaagen (unten links).

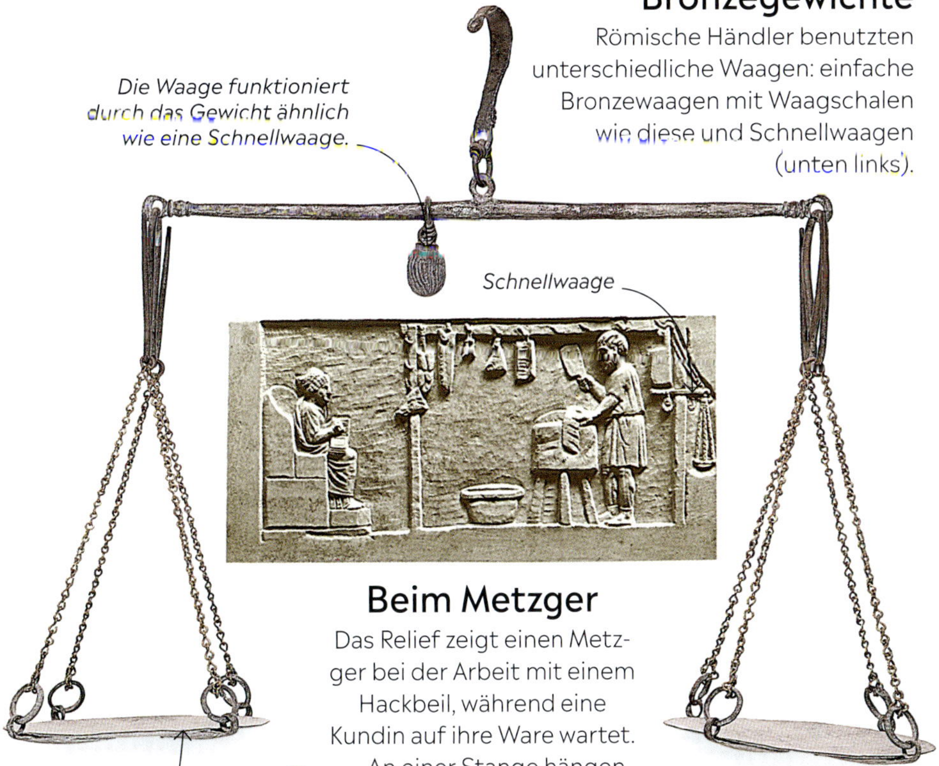

Die Waage funktioniert durch das Gewicht ähnlich wie eine Schnellwaage.

Die Waagschalen konnten von den Haken genommen und durch Körbe ersetzt werden.

Schnellwaage

Beim Metzger

Das Relief zeigt einen Metzger bei der Arbeit mit einem Hackbeil, während eine Kundin auf ihre Ware wartet. An einer Stange hängen Fleischstücke.

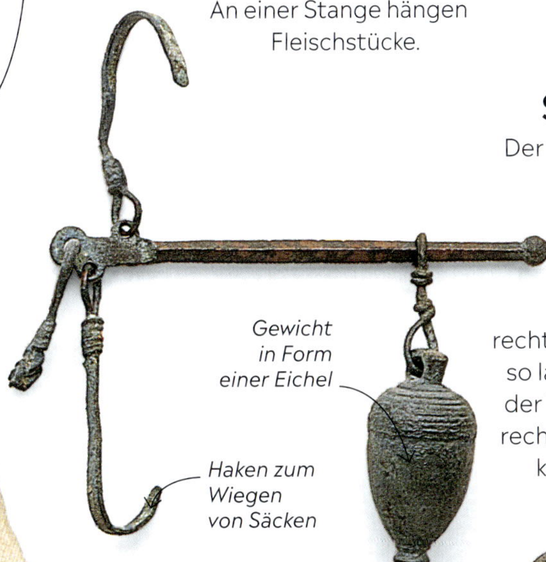

Gewicht in Form einer Eichel

Haken zum Wiegen von Säcken

Schnellwaage

Der zu wiegende Gegenstand wurde auf der linken Seite am unteren Haken befestigt. Das Gewicht auf der rechten Seite wurde dann so lange verschoben, bis der Wiegebalken waagerecht stand. Das Gewicht konnte auf einer Skala abgelesen werden.

Offizielles Gewicht

Dieses Bronzegewicht aus der heutigen Türkei ist mit einer Büste des Herkules verziert. Die Gewichte wurden von Beamten kontrolliert, um Betrügereien der Händler zu verhindern.

Der Untergang des **alten Roms**

Nach 200 n. Chr. brachen große Veränderungen über das Römische Reich herein. Es kam zu ständigen Auseinandersetzungen mit den „Barbaren“ im Norden und dem neuen persischen Reich im Osten. Bürgerkriege brachen aus, als Generäle um die Macht kämpften. Schließlich gelang es Diokletian und seinen drei Mitkaisern, den Frieden wiederherzustellen und das Reich in ein Ost- und ein Westreich aufzuteilen. Konstantin, einer von Diokletians Nachfolgern, führte im 4. Jahrhundert n. Chr. das Christentum als Staatsreligion ein.

Symbol der Christen
Dieses Goldglas zeigt eine Familie mit dem frühchristlichen Zeichen „Chi-Rho“. Es ist aus den ersten beiden Buchstaben des Namens „Christus“ auf Griechisch gebildet.

Das griechische Ostrom
Die Frauenfigur rechts stellt symbolisch die von Kaiser Konstantin gegründete oströmische Hauptstadt Konstantinopel dar. Heute heißt die Stadt Istanbul.

Der lateinische Westen
Die Frauenfigur links soll die Stadt Rom darstellen, das Zentrum des weströmischen Reichs.

Kreuzigung Christi
Diese Elfenbeintafel aus der Zeit um 420 n. Chr. stellt die Kreuzigung Christi dar und auf der linken Seite den Apostel Judas, der sich erhängt hat.

Das Ende Westroms

Als im 4. Jahrhundert n. Chr. germanische Stämme nach Mitteleuropa vordrangen, zerfiel nach und nach das weströmische Reich. Im Jahr 410 n. Chr. wurde die Stadt Rom geplündert und 476 n. Chr. verlor der letzte weströmische Kaiser seine Macht. Das oströmische Reich existierte jedoch weiter.

Ostgotische Fibeln
Viele der Einwanderer im weströmischen Reich waren geschickte Metallhandwerker, die wunderbaren Schmuck herstellten. Diese Fibeln wurden um 500 n. Chr. von einem ostgotischen Goldschmied aus Silber, Gold, grünem Glas und rotem Granat hergestellt.

Goldfibel mit rotem Granat

Barbaren?

Die „barbarischen" Völker, die im 4. Jahrhundert n. Chr. in das weströmische Reich kamen, gründeten viele Staaten des modernen Europa: Die Franken machten Gallien zu Frankreich, die Angeln und Sachsen das römische Britannien zu England.

Zwei eiserne Pfeilspitzen

Kriegsgerät
Die Speerspitze und die beiden Pfeilspitzen stammen aus dem Grab eines Eroberers der römischen Gallier. Als dieser Mann im 6. Jahrhundert n. Chr. bestattet wurde, war das neue fränkische Königreich bereits gegründet worden.

Der Hunne Attila
Im 5. Jahrhundert n. Chr. verwüsteten die Hunnen aus Zentralasien Europa. Der Papst wollte Rom vor einer weiteren Zerstörung bewahren. Er verhandelte 452 n. Chr. mit ihrem Anführer Attila (links).

Byzanz

Auch das oströmische Reich wurde angegriffen, überlebte aber bis 1453. Die Bewohner des griechischsprachigen christlichen Staates bezeichneten sich selbst als „Römer". Heute nennt man sie Byzantiner.

Artemis, die griechische Göttin der Jagd

Medaillon aus Byzanz
Das oströmische Reich war zwar christlich, aber man respektierte das griechische und römische Erbe. Manchmal wurden sogar die alten Gottheiten dargestellt, wie die Artemisfigur auf diesem Goldmedaillon aus dem 6. Jahrhundert zeigt.

Byzantinischer Kaiser
Dieses Gewicht für eine Schnellwaage (S. 61) zeigt das Bild eines byzantinischen Kaisers aus dem 7. Jahrhundert.

Wusstest du **das?**

SPANNENDE FAKTEN

Die Römer reinigten ihr Essgeschirr, indem sie es erst mit Sand abrieben und dann in sauberem Wasser spülten.

Die Römer glaubten, dass Fortuna, die Göttin des Schicksals und des Glücks, alle Entscheidungen bestimmt. Man versuchte daher, die unberechenbare Göttin durch Gebete und Opfer günstig zu stimmen.

Fontana della Fortuna in Fano (Italien)

Der karthagische Feldherr Hannibal griff Rom 218 v. Chr. an. Auf dem Weg über die Alpen verlor er 14 000 Männer und 25 Elefanten.

Unsere Monatsnamen sind römischen Ursprungs: Der März geht auf den Kriegsgott Mars zurück, der August ehrt Kaiser Augustus.

Bis zu 5000 Gladiatorenpaare kämpften im Kolosseum und bei einer einzigen Veranstaltung konnten 5000 Tiere getötet werden. Für die Außenfassade des Kolosseums brauchte man 292 000 Wagenladungen Travertinsteine. Man transportierte sie von Tivoli in den Hügeln außerhalb Roms über eine eigens gebaute Straße nach Rom.

Nach der Einführung des Christentums als Staatsreligion waren die blutigen Veranstaltungen im Kolosseum nicht mehr so gefragt. Große Teile des Kolosseums wurden darauf als Material für andere Gebäude abgetragen. Dies geschah auch noch im Mittelalter.

Kaiser Caligula (37–41 n. Chr.), der sehr umstritten war, versuchte, sein Pferd in den Rang eines Senators zu erheben.

In einem römischen Haushalt hatte der Vater das absolute Sagen: Er konnte sogar seine Frau, seine Kinder und jeden der versklavten Menschen in seinem Haus zum Tode verurteilen.

Wurden aufsässige Sklaven erwischt, hängte man sie an ein Kreuz, bis sie starben. Bei einem von dem Sklaven Spartakus angeführten Aufstand im Jahr 73 n. Chr. wurden 6000 Sklaven gekreuzigt.

Die Sprache im alten Rom war Latein, aber viele der von den Römern beherrschten Völker, wie die Griechen, behielten ihre eigene Sprache. Die Osker, die in Kampanien in der Gegend um die Stadt Neapel lebten, benutzten auch ihre eigene unverwechselbare Schrift.

Der Ausbruch des Vesuvs im Jahr 79 n. Chr. begrub die Stadt Pompeji und die Küstenstadt Herculaneum unter Schutt und Asche.

Neben der militärischen Ausbildung erhielten römische Legionäre auch eine Ausbildung in Vermessung, Planung und Konstruktion, damit sie Lager, Festungsbauten und Verteidigungsmauern errichten konnten.

Die römische Kultur und Zivilisation orientierte sich in vielen Bereichen am antiken Griechenland. Die Römer verehrten vielfach dieselben Götter und entwickelten ihr Alphabet aus dem griechischen Alphabet. Ein Großteil der Kunst, Literatur und des Theaters der Römer hat griechische Wurzeln.

Viele Werke römischer Schriftsteller und Philosophen werden heute noch gelesen.

Dieser Farbdruck aus dem 19. Jahrhundert stellt den Ausbruch des Vesuvs dar.

Ohne die Arbeit der mittelalterlichen Mönche in den Klöstern, die diese Texte mühevoll abgeschrieben und zum Teil mit Illustrationen geschmückt haben, wären viele römische Schriftstücke wohl für immer verloren gegangen.

Gladiatorenhelm

FRAGEN UND ANTWORTEN

Woher wissen wir so viel über das alte Rom?

Experten und Expertinnen ziehen viele Erkenntnisse aus der Erforschung römischer Bauten und Objekte. Das Wissen über Politik, Geschichte, Religion und Kultur stammt großteils aus den erhaltenen römischen Schriften. Wie die Menschen lebten, zeigen Mosaiken, Skulpturen und Wandgemälde.

Darstellung einer römischen Frau (18. Jh.)

Römisches Mosaik

Wie sah das Leben der Frauen im alten Rom aus?

Die meisten römischen Frauen hatten keine gute Schulbildung. Sie durften nicht wählen oder ein Amt bekleiden und es gab nur wenige Berufe, die sie ausüben durften. Das Ansehen einer Frau hing von ihrem Ehemann ab, aber Frauen konnten auch mächtig sein: Livia, die Frau von Kaiser Augustus, hatte keine offizielle Rolle, aber sie regierte an der Seite des Kaisers.

Wie unterscheiden sich römische Häuser von modernen?

In römischen Häusern gab es wenig Möbel und mehr Dekoration an den Wänden und Böden in Form von Mosaiken und Wandmalereien. Die Häuser der wohlhabenden Römer waren sogar komfortabel mit fließend Wasser, Toiletten mit Wasserspülung und Zentralheizung ausgestattet.

Haben die alten Römer das gleiche gegessen wie wir?

Viele Lebensmittel sind uns vertraut, zum Beispiel Brot, Eier, Obst (Äpfel, Birnen, Feigen, Datteln, Pflaumen, Trauben), Gemüse (Sellerie, Karotten, Kohl, Bohnen, Spargel) und Wein (normalerweise mit Wasser verdünnt). Die Römer aßen weniger Fleisch als wir, aber Lamm und Schweinefleisch waren beliebt. Fisch und exotische Vögel wie Kranich, Papagei, Flamingo und Pfau waren Leckerbissen für reiche Römer.

Gebratene Vögel zum Abendessen

RÖMISCHE REKORDE

Die größte Kuppel
Der Pantheontempel in Rom wurde 126 n. Chr. mit einer riesigen Betonkuppel überdacht, die bis ins 19. Jahrhundert hinein die größte ihrer Art war. Sie steht heute noch.

Das erste Münzporträt
Der erste lebende Römer, der auf einer Münze abgebildet wurde, war Julius Caesar.

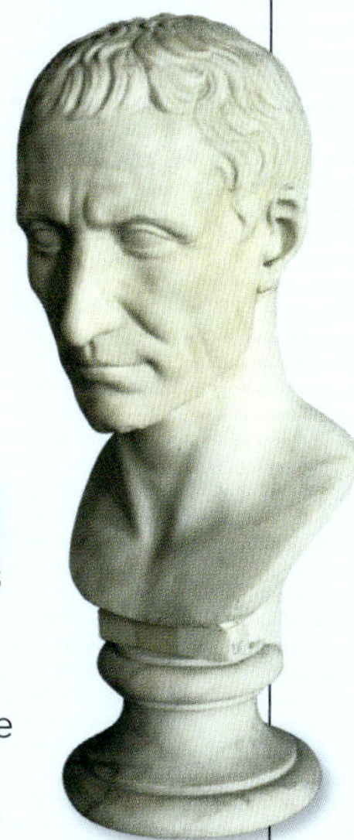

Büste von Julius Caesar

Weltstadt Nr. 1
Rom war im Jahr 1 n. Chr. mit mehr als 1 Million Einwohnern die größte Stadt des Römischen Reichs.

Erstes Kaufhaus
Das allererste Einkaufszentrum der Geschichte errichtete Kaiser Trajan in Rom. Es bot 150 Läden auf mehreren Ebenen.

Verkehrszentrum
Die Via Appia war die erste Straße eines ausgeklügelten Straßennetzes, das schließlich 96 500 Kilometer umfasste und Rom mit allen wichtigen Städten des Reichs verband.

Rasende Inflation
Im 3. Jahrhundert n. Chr. gerieten die Preise im Römischen Reich außer Kontrolle. Zwischen 200 und 280 n. Chr. stieg der Preis für ein Weizenbündel in Ägypten von 16 auf 120 000 Drachmen.

Detaillierte Chronik
Der Gelehrte Titus Livius schrieb eine Geschichte Roms, die 142 Bücher füllte. Davon sind 35 Bücher erhalten. Seine Werke wurden in Rom als Schulbücher verwendet.

Roms **Kaiser**

Ein Bürgerkrieg beendete nach 500 Jahren die als Republik bekannte Zeit der römischen Geschichte. Octavian, der Adoptivsohn von Julius Caesar, wurde der erste Kaiser Roms. Er erhielt den Titel Imperator Caesar Augustus. Das Wort Imperator bedeutete „Sieger im Kampf“.

Claudius

Augustus Caesar

Augustus, der erste römische Kaiser, führte und verwaltete das Römische Reich mit großem Geschick und förderte Literatur und Kunst. Die Zeit seiner Herrschaft ist als Augusteisches Zeitalter bekannt.

GALLISCHES SONDERREICH	
Postumus	260-269
Victorinus	269-271
Tetricus	271-274

Gallienus

Phase der Aufstände

Angriffe auf die Grenzen des Römischen Reichs und Bürgerkriege führten zur Entstehung von Sonderreichen. Es bildeten sich das Königreich Palmyra im Osten und das „Gallische Sonderreich“ in Gallien (Frankreich), Britannien und Spanien. Kaiser Aurelian zerschlug diese Sonderreiche.

ÖSTLICHES KÖNIGREICH VON PALMYRA	
Zenobia (regierte mit ihrem Sohn Vaballathus)	266-272

RÖMISCHE KAISER	
Augustus	27 v. Chr. - 14 n. Chr.
Tiberius	14-37
Caligula (Gaius)	37-41
Claudius	41-54
Nero	54-68
Galba	68-69
Otho	69
Vitellius	69
Vespasian	69-79
Titus	79-81
Domitian	81-96
Nerva	96-98
Trajan	98-117
Hadrian	117-138
Antoninus Pius	138-161
Marcus Aurelius	161-180
Lucius Verus (Mitkaiser)	161-169
Commodus	177-192
Pertinax	193
Didius Julianus	193
Septimius Severus	193-211
Caracalla	211-217
Geta	211-212
Macrinus	217-218
Elagabal	218-222
Severus Alexander	222-235
Maximinus I.	235-238
Gordian I.	238
Gordian II.	238
Pupienus	238
Balbinus	238
Gordian III.	238-244
Philippus	244-249
Decius	249-251
Hostilian	251
Gallus	251-253
Aemilian	253
Gallienus	253-268
Valerian	253-260
Claudius II. Gothicus	268-270
Quintillus	270
Aurelian	270-275
Tacitus	275-276
Florianus	276
Probus	276-282
Carus	282-283
Carinus	283-284
Numerianus (Mitkaiser)	283-284
Diocletian	284-30

WESTRÖMISCHES REICH

Maximian	287-305
Constantius I.	305-306
Severus II.	306-307
Maxentius (Thronräuber)	306-312
Konstantin I.	307-324

Diocletian

OSTRÖMISCHES REICH

Diocletian	284-305
Galerius	305-311
Maximinus II.	309-313
Licinius	308-324

Konstantin I.

Konstantin I. (Alleinherrscher)	324-337

Konstantin II.	337-340
Constans	337-350
Magnentius	350-353

Constantius II.	337-361

(Alleinherrscher nach dem Sieg über Magnentius im Jahr 353; kurzfristig war das Reich wiedervereinigt)

Münze unter Konstantin II.

Julian	361-363
Jovian	363-364

Valentinian I.	364-375
Gratian	375-383
Valentinian II.	375-392
Honorius	395-423
Johannes	423-425
Valentinian III.	425-455
Petronius Maximus	455
Avitus	455-456
Majorian	457-461
Libius Severus	461-465
Anthemius	467-472
Olybrius	472
Glycerius	473-474
Julius Nepos	474-475
Romulus Augustus	475-476

Ostrom überlebt

Im Jahr 476 n. Chr. verlor der letzte westliche Kaiser seine Macht, aber das östliche (oder byzantinische) Reich überlebte bis 1453.

Valens	364-378
Procopius	365-366
Theodosius I.	379-395
Arcadius	395-408
Theodosius II.	408-450
Marcian	450-457
Leo I.	457-474
Leo II.	474
Zeno	474-491

Westroms Ende

Diese Abbildung aus dem 19. Jahrhundert zeigt den letzten Kaiser des weströmischen Reichs, Romulus Augustus. Er ergab sich 476 n. Chr. Odoaker, dem Anführer der „Barbaren".

Mehr **erfahren**

Aus dem Römischen Reich sind so viele Schätze erhalten, dass man heute in zahlreichen Museen römische Objekte sehen kann. Zudem gibt es Websites, die sich mit bestimmten Themen der römischen Kultur befassen. Über das Leben im alten Rom wissen wir viel durch archäologische Ausgrabungen in Pompeji und Herculaneum. Diese Städte wurden beim Vesuvausbruch 79 n. Chr. komplett verschüttet. Doch unter der meterhohen Schutt- und Ascheschicht blieben Gebäude und Gegenstände unversehrt erhalten.

Am Vesuv

Die ausgegrabenen Städte Pompeji und Herculaneum geben uns einen Eindruck vom Leben im alten Rom. Die Gipsabdrücke einer unter der heißen Vulkanasche begrabenen Mutter und eines Kindes (rechts) sind im Archäologischen Museum in Neapel zu sehen.

Nur Wohlhabende besaßen solch kunstvolle Gefäße.

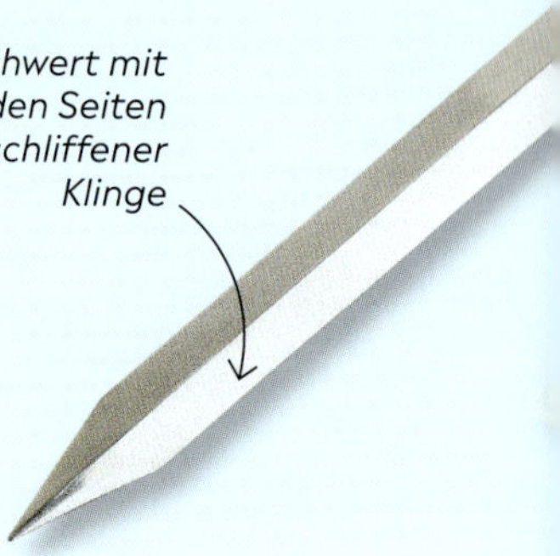

Kurzschwert mit auf beiden Seiten geschliffener Klinge

Römische Kunst

Diese kostbar verzierte Vase mit Spiralhenkel aus dem 4. Jahrhundert v. Chr. enthielt vermutlich Öl oder Wein. Sie ist in der Villa Giulia außerhalb Roms zu sehen, einem Landsitz aus dem 16. Jahrhundert, in dem heute das Museo Nazionale Etrusco untergebracht ist.

Die Vatikanischen Museen

Der Papst, das Oberhaupt der katholischen Kirche, lebt im Vatikanstaat in Rom. Schon seit dem Mittelalter sammelten viele Päpste römische Altertümer, die heute in den Vatikanischen Museen ausgestellt sind.

Römisches Bad

Die schönsten Überreste aus der römischen Zeit in Großbritannien befinden sich in der Stadt Bath. Die Römer nannten diese Stadt wegen ihrer heißen Quellen, die Temperaturen von etwa 37 °C erreichen, *Aquae Sulis* („Wasser der Sulis“, einer britischen Göttin).

Die Griffe römischer Schwerter waren aus Holz oder Knochen.

Schultergurt oder Bandelier

Waffen und Rüstung

In vielen Museen sind römische Waffen und Rüstungen ausgestellt. Manchmal werden auch Rekonstruktionen gezeigt, wie dieses Kurzschwert (*gladius*) mit seiner verzierten Hülle.

Kaiser Hadrians Villa

Die Hadriansvilla gehört zu den prächtigsten Landgütern des Römischen Reichs. Kaiser Hadrian regten seine Reisen durch Ägypten und Griechenland auch zum Bau einiger Gebäude auf dem riesigen Anwesen an. Die Villa von Hadrian befindet sich in der Nähe der Stadt Tivoli vor den Toren Roms. Man kann sie besichtigen.

INTERNETADRESSEN

- Erfahre mehr über Sklaven oder Geheimschriften im alten Rom: **https://kinder.wdr.de/tv/kaiserkoenigkarl/epochen/roemer/index.html**
- Erhalte einen Einblick in das Familienleben der alten Römer: **www.palkan.de/ge-roem.familie.htm**
- „753 – Rom schlüpft aus dem Ei!“ Finde mehr über die Geschichte Roms heraus: **www.antikefan.de/kulturen/Roemisch.html**
- Erfahre mehr über den Vesuvausbruch im Jahr 79 n. Chr. und die Folgen für die Stadt Pompeji: **www.planet-wissen.de/laender_leute/italien/antikes_rom/pompeji.jsp**

BESUCHE DOCH MAL …

RÖMISCH-GERMANISCHES MUSEUM (KÖLN)
Zahlreiche Funde zeigen, wie man im antiken *Colonia Claudia Ara Agrippinensium* lebte. Besonders interessant:
- ein Mosaik mit Dionysos-Szenen
- der Grabbau des Legionärs Poblicius

TRIER
Eine der ältesten Städte Deutschlands mit vielen römischen Spuren:
- das römische Stadttor Porta Nigra
- drei Badeanlagen und ein Amphitheater

ARCHÄOLOGISCHER PARK XANTEN
Hier sind Rekonstruktionen römischer Bauten zu sehen und die römischen Grundmauern der Stadt. Auch interessant:
- das LVR-RömerMuseum, das zum Archäologischen Park gehört

ROM (ITALIEN)
Zahlreiche Denkmäler aus Roms Blütezeit:
- das Kolosseum (S. 28)
- das Forum Romanum mit Tempeln, Säulen und mehreren Basiliken
- das Trajansforum mit Trajanssäule
- das Pantheon mit seiner riesigen Kuppel

VATIKANISCHE MUSEEN (ROM, ITALIEN)
Große Sammlung römischer Kunstwerke in den Palästen der römischen Päpste wie:
- eine Büste von Kaiser Augustus
- ein Wandgemälde mit der Darstellung einer Braut bei der Hochzeitsvorbereitung

POMPEJI UND HERCULANEUM (ITALIEN)
Die Ausgrabungen sind bis heute nicht abgeschlossen. Sehenswert sind:
- das Haus des Fauns, das Haus der Vettier
- die Villen im Westen Pompejis
- der Marktplatz und das Macellum

RÖMISCHE ÜBERRESTE IN FRANKREICH
In Südfrankreich gibt es viel zu sehen wie:
- die Amphitheater in Arles und Nîmes
- den Pont du Gard (Aquädukt) bei Nîmes

RÖMISCHE ÜBERRESTE IN GROSSBRITANNIEN
Es gibt einige gut erhaltene römische Sehenswürdigkeiten wie:
- die Thermenanlage in Bath
- den Hadrianswall, die römische Grenzbefestigung der Provinz Britannien zwischen England und Schottland

Glossar

Amphitheater Ovale Arena ohne Dach.

Amphore Gefäß mit zwei Henkeln und engem Hals, das für den Transport und die Lagerung von Wein, Olivenöl oder anderen Flüssigkeiten verwendet wurde.

Aquädukt Ein Kanal, durch den Wasser in römische Städte geleitet wurde.

Aquädukt

Atrium Eine Art Innenhof in einem römischen Haus, von dem aus alle Räume abgingen. Durch eine Öffnung im Dach fiel Licht herein.

Bandelier Quer über die Schulter getragener Riemen, an dem ein Dolch oder ein Schwert hängt.

Barbaren Abschätzige Bezeichnung der Römer für Menschen, die außerhalb des Römischen Reichs lebten und die die Römer als wild und unkultiviert betrachteten.

Basilica Öffentliches Gebäude auf dem Marktplatz, in dem rechtliche und geschäftliche Dinge besprochen und Feierlichkeiten abgehalten wurden.

Bürger Freier Mann mit anerkanntem Status und zahlreichen Rechten und Privilegien. Frauen waren Bürgerinnen ohne Rechte.

Caligae Robuste Militärsandalen mit genagelten Sohlen für lange Fußmärsche.

Chalzedon Farbiger Quarzstein, der für Schmuck verwendet wurde.

Cingulum Ein mit Lederstreifen besetzter Gürtel der römischen Soldatenuniform.

Circus Lang gestreckte Arena, in der Wagenrennen abgehalten wurden.

Diktator Römischer Beamter, der in Notzeiten absolute Machtbefugnis bekam.

Domus Privates Stadthaus, oft erweitert um einen Hof mit Säulen. *Siehe auch* Peristylum.

Equites Ursprünglich ein Mitglied der römischen Reiterei. Die Reiter waren wohlhabend genug, um ihre eigenen Pferde zu kaufen. Später wurde der Begriff für einen reichen Beamten verwendet.

Faszes Zeremonielles Rutenbündel mit Beil als Amtssymbol eines Machthabers.

Fibula Gewandnadel oder Brosche, mit der man Kleidungsstücke feststeckte.

Forum Ein offener Bereich in einem römischen Stadtzentrum, der als Marktplatz und für Geschäfte genutzt wurde.

Galeere Römisches Kriegsschiff, das von einer oder mehreren Reihen von Rudern angetrieben wurde.

Garum Sehr intensiv schmeckende Würzsoße aus Fisch.

Genius Der persönliche Schutzgeist eines Menschen (altrömische Bedeutung).

Gladiator Ausgebildeter Kämpfer, der in öffentlichen Wettkämpfen gegen andere Gladiatoren kämpfte, manchmal bis zum Tod.

Gadius Kurzschwert, das Soldaten an der rechten Seite trugen.

Katapult

Mosaikbild mit Wagenrennen

Hypokausten Zentralheizungssystem, bei dem warme Luft von einem Feuer unter dem Fußboden und durch Hohlräume in den Wänden zirkuliert.

Insula Größerer Wohnblock aus mehreren Mieteinheiten.

Juno Persönlicher Schutzgeist einer Frau.

Kaiser Absoluter Herrscher eines Reichs, wodurch „Kaiser" ein höherer Rang als „König" ist. Augustus Caesar wurde im Jahr 27 v. Chr. der erste römische Kaiser.

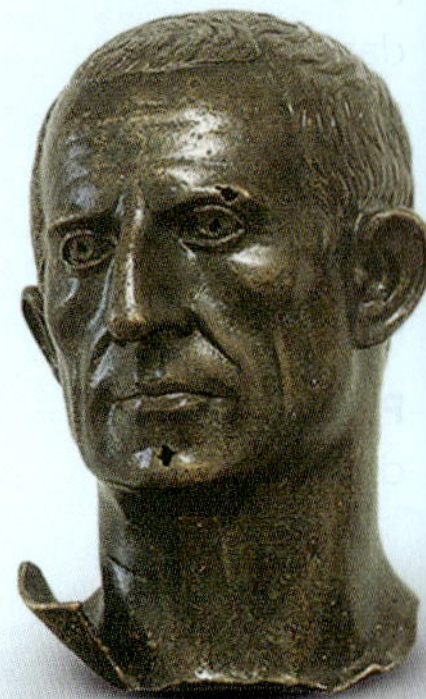

Büste eines vornehmen Römers

Katapult Ein militärisches Gerät der römischen Armee, um Steine und Pfeile in einem Belagerungskrieg über feindliche Mauern zu schleudern.

Kline Breite, gepolsterte Liege, auf der sich die wohlhabenden Römer beim Essen entspannten.

Kohorte Unterabteilung der römischen Armee. Jede Kohorte war in sechs Zenturien unterteilt. *Siehe auch* Legion, Zenturie.

Konsul Einer von zwei gewählten Beamten, die sich das höchste Amt in der römischen Republik teilten.

Lararium Den Hausgöttern (*lares*) geweihtes Heiligtum, das in jedem römischen Haus zu finden war.

Legion Hauptabteilung des römischen Heeres mit bis zu 6000 Legionären, die in zehn Einheiten, den Kohorten, organisiert waren. *Siehe auch* Kohorte, Zenturie.

Lorbeer Blätter des Lorbeerstrauchs, die zu einem Kranz geflochten als ein Symbol der Macht und des Sieges getragen wurden.

Mosaik Boden- oder Wand-dekoration aus kleinen Glas-, Stein- oder Keramikstücken.

Papyrus Ägyptisches Schilfrohr, dessen Stängel zu papierähnlichen Blättern gepresst wurden. Man verwendete sie als Schreibmaterial für Dokumente.

Lorbeerkranz

Pater familias Männliches Familienoberhaupt, das absolute Macht hatte über seine Frau, seine Kinder und seine Diener.

Peristylium Säulengang mit Garten an der Rückseite eines römischen Hauses.

Pilum Schwerer, spitzer Wurfspeer, der dazu diente, den Schild und die Rüstung des Gegners zu durchbohren.

Plakette Kleine Platte aus Ton, Stein, Glas oder Metall, die mit einer Gravur oder einem Reliefmotiv verziert ist.

Plebejer Einfaches, römisches Volk, das nicht dem Adel angehörte.

Mosaikbild

Prokurator Römischer Beamter, der für die Erhebung der Steuern und die Bezahlung der Armee und des öffentlichen Dienstes in den römischen Provinzen zuständig war.

Provinz Römisches Gebiet, das außerhalb Italiens lag. Die freien Einwohner der Provinzen wurden Provinziale genannt.

Pugio Zweischneidiger Dolch, den die römischen Soldaten an der linken Seite trugen.

Quästor Regierungsbeamter, der für die Finanzen des Staates zuständig war.

Reiterei Berittene Soldaten, die im Kampf zu Pferd ausgebildet waren.

Relief Geschnitztes oder modelliertes Bild, das sich plastisch von seinem Hintergrund abhebt.

Republik Ein Staat, in dem die Macht vom Volk oder seinen Vertretern und nicht von einem Kaiser oder König ausgeübt wird.

Senat Rat der wohlhabenden Adligen, der die römischen Konsuln in Fragen des Rechts, der Regierung und der Verwaltung beriet. Die Mitglieder dieses Rats hießen Senatoren.

Spinnrocken Werkzeug zum Befestigen von rohem Leinen oder Woll-fasern, die zu Garn versponnen werden.

Stadtstaat Eine Stadt, die zusammen mit ihrem Umland einen unabhängigen Staat bildet.

Standarte Flagge oder Symbolfigur, insbesondere einer militärischen Einheit.

Statthalter Hochrangiger Beamter, in der Regel ein Senator, der eine römische Provinz verwaltete.

Streitwagen Fahrzeug, das im Krieg und später bei Wettrennen eingesetzt wurde. Wagen, die von zwei Pferden gezogen wurden, nannte man *bigae*; Wagen, die von vier Pferden gezogenen wurden, *quadrigae*.

Thermopolium Straßenverkauf für warme Speisen in einer römischen Stadt.

Toga Formelles Kleidungsstück der männlichen römischen Bürger. Die Toga besteht aus einem langen Stoffstück, das um den Körper gewickelt und über die Schulter drapiert wurde. Die Toga war in der Regel weiß. Die von den Senatoren getragenen Togen hatten als Ehrenzeichen breite purpurfarbene Streifen.

Tribun Regierungsvertreter, der von den Plebejern gewählt wurde, um ihre Interessen zu vertreten. *Siehe auch* Plebejer.

Toga eines Senators

Triumphzug Ehrenzug eines siegreichen Feldherrn und seiner Soldaten durch Rom, bei dem die Gefangenen und die erbeuteten Schätze zur Schau gestellt wurden.

Tunika Einfaches ärmelloses Hemd, das bis zu den Knien reicht und in der Taille gebunden wird. Römische Männer trugen Tuniken.

Zenturie Kompanie von 80 Mann in der römischen Armee, die von einem Zenturio befehligt wurde. *Siehe auch* Kohorte, Legion.

Register

Dank/Bildnachweis

Der Herausgeber dankt folgenden Institutionen und Personen für ihre Hilfe bei der Erstellung des Buchs: The British Museum, für die Bereitstellung antiker Artefakte zum Fotografieren; Emma Cox; Celia Clear, The British Museum Publications; Mr. B. Cook & Mr. D. Bailey, Abteilung für griechische und römische Altertümer; Dr. T. W. Potter & C. Johns, Abteilung für prähistorische und römisch-britische Altertümer; Mr. D. Kidd & Mr. D. Buckton, Abteilung für mittelalterliche und neuere Altertümer; Peter Connolly für sein Modell des Kolosseums auf S. 28–29; Brian Lancaster, Thomas Keenes, Louise Pritchard, Jane Coney und Lester Cheeseman für ihre Unterstützung; Ermine Street Guard, S. 10–11; Kathy Lockley für zusätzliche Bildrecherchen; Neville Graham; Hazel Beynon für die Textbearbeitung; Rupa Rao für redaktionelle Unterstützung; Vijay Kandwal für die Farbgestaltung; Priyanka Sharma-Saddi für den Umschlag; Helen Iddles für das Inhaltsverzeichnis.

Der Verlag dankt den folgenden Personen und Organisationen für die freundliche Genehmigung zum Abdruck von Fotos:

(Abkürzungen.: o = oben, u = unten, m = Mitte, l = links, r = rechts)

akg-images: Peter Connolly 7ol; **Alamy Stock Photo:** Art Collection 2, 4ur, 46m; Peter Barritt 58–59m; Stuart Black 25or; Sergey Borisov 17ml; Chronicle 8–9m; The Granger Collection 67um; IanDagnall Computing 46–47ul; Ran Dembo 38ul; Gainew Gallery 49ol; Agefotostock/Paco Gómez García 40mru; Granger 36ol; Signal Photos 19om; The Print Collector/Art Media/Heritage Images 26mr; Wirestock, Inc. 53mlo; PhotoStock-Israel 55om; John Kellerman 68–69u; Sérgio Nogueira 58mu; Wiliam Perry 20ol; Azoor Photo 13r; Robertharding 27ml; Sami Sarkis Travel 23ml; Neil Spence 16mro; Funkyfood London-Paul Williams 20ur; Funkyfood London-Paul Williams 36–37m; **Alinari:** Museo Nazionale, Neapel 55um; **Ancient Art & Architecture Collection:** R Sheridan 67mr; 68mu, 69m; 40or; **Bridgeman Art Library:** Antikensammlung der Staatlichen Museen Berlin 22ul, 25ur, 39ol; Bridgeman Images 18mlu; Manchester Art Gallery 34–35m; David Henley 28mr; Bridgeman Images 67om; Photo©Zev Radovan 7ur; **The British Museum:** 12ml, 19or, 32ml, 22ol, 23ul, 42ul, 51or, 56ol, 57ml, 59m, 64ur, 65um, 70mlo, 71om; **© The Trustees of the British Museum. All rights reserved:** 50r; **Dorling Kindersley:** Dreamstime.com: Sborisov 28mlo, Stevanzz 26–27ul; **Dr Andrew Birley:** 40ul; **Dr. Katherine V. Huntley:** 21ul; **Dreamstime.com:** Wksp 45mlu; **Getty Images:** James Hartshorn/500px 14ml; Universal History Archive 25ur; Daniel Berehulak 42mro; Bettmann 30ol; Heritage Images/Hulton Fine Art Collection 68mlo; Alessandra Benedetti/Corbis 19ur; Werner Forman 57or; Werner Forman/Universal Images Group 23ul; Sergio Mendoza Hochmann 28–29u; KarSol 39ur; DEA/A. DAGLI ORTI 35mru; DEA/V. PIROZZI 13mlo; **Mary Evans Picture Library:** 18–19mu; 62um; 63or; **Photo Scala, Florence:** Florence 48mlo; **Muna Abdelhamed:** Ahmed Buzaian/Zakaria 59um; **Werner Forman Archive:** 48ul, 49or, 53ml, 57ul; **Sonia Halliday Photographs:** 32ol, 58mr; **Robert Harding Picture Library:** 37om, 61or; Tony Waltham 68ol; **Simon James:** 12ml, 24ml, 27ml, 27mr, 35mr, 38ol, 44m, 45or, 50um, 57, 48ur, 16ul; **Kobal Collection:** 34ml, 35om; **Rex Features:** Jaap Bitendijk 33mru; **Robert Harding Picture Library:** Christian Goupi 57ur; **Scala:** 25ul; Citta del Vaticano, Rom 48ml; Museo della Terme, Rom 18m; Museo Nazionale, Neapel 36ur, 41ol; Museo Civico, Albenga 60ml; **Stella Demesticha:** Maritime Laboratory of Maritime Archaeology, Archaeological Research Unit, Universität Zypern 61mlo.

Cover: *Vorn:* **Dorling Kindersley:** Karl Shone / Ermine Street Guard mo, Clive Streeter / Science Museum, London mlo (Streitwagen), Christi Graham / Nick Nicholls (C) The Trustees of the British Museum. All Rights Reserved r, mor (Glasflasche), mo (Kachel mit Gesicht), ml (Kupfer- und Silbereinlagen), m (Fibel), um; **Dreamstime.com:** Algol mlo (Legionär); *Hinten:* **Dorling Kindersley: Dreamstime.com:** Chris Hill / Ca2hill mlo (Münze), Gary Ombler / Ermine Street Guard ml, Karl Shone / Ermine Street Guard mro; *Rücken:* **Dorling Kindersley:** Christi Graham / Nick Nicholls (C) The Trustees of the British Museum.

Illustrationen: Peter Bull 27, 38; Eugene Fleury 7

SCAN MICH

Kahoot!

Im Training

Profi-Runde

Pics Challenge